¡Hagamos un trato!

: Para avivar la esperanza de lograr un Sistema de Justicia y Político imparcial y competente en Venezuela y Latinoamérica.

TOMO II

AUTOR: Lácides R. Castillo   2016

AGRADECIMIENTO

Primero a Dios Eterno por permitirme vivir y conocer a otros países, tomar tiempo libre para leer, reflexionar sobre las oportunidades que he tenido en la vida para incrementar mi fuerza de voluntad hacia la mejora continua personal.

A mi esposa Eunice y mis hijos Alex y Rafael por ser condescendientes conmigo y permitirme ahondar en el mundo de la lectura, algunas veces descuidándolos, y por apoyarme y ayudarme a corregir mis escritos. A mi querida esposa por su paciencia y tolerancia en permitirme escribir mis dos libros, tomándome más de 13 años para hacerlo (de nuestro tiempo libre); además de ser mi más importante correctora y crítica constructiva del libro. Y especialmente a mi hijo Rafael, quien tuvo la paciencia para leer, corregir y proponerme otros enfoques.

Este trabajo ha tomado muchas horas de mi tiempo pero no me importa, ya que lo hice con amor y el noble deseo de aportar un grano de arena al engrandecimiento del país. También agradecer el apoyo de mi familia por haberme soportado por mucho tiempo, al dejarlos a un lado para dedicarme a este trabajo, con mi corazón les expreso mis más profundo agradecimiento y amor.

A Omar Vargas, amigo costarricense, por escucharme e iluminarme para definir el título de este libro y aclararme el rol de la espiritualidad en los resultados del liderazgo. También a Ricardo Römer (Ceproca) por haberme recomendado el término **Supra sistema** para expresar la integración e interrelación de varios sistemas de la vida nacional como, por ejemplo, el sistema político, el sistema educativo, el sistema económico, entre otros, en uno solo: **Supra Sistema Nacional**, como también a Guadalupe Riera, joven periodista, por haberme orientado y aclararme el criterio del uso de conectores entre párrafos con el fin de mantener el texto coherente y ameno ante los ojos del lector.

Por otro lado, quiero agradecer a mi comadre Marlene, por corregir de manera gramatical el texto.

Finalmente, quiero agradecer a Lucía Jiménez por haber corregido y formateado el texto de manera profesional.

¡Gracias a todos y que Dios los bendiga!

PRÓLOGO

¿Qué me inspiró?

El libro de César Miguel Rondón, *Armando rompecabezas de un país*, editado en el 2012, en el que los especialistas de diferentes ámbitos de la sociedad venezolana expresan las verdaderas cifras y hechos de la triste realidad del país, (Ver *P1 en la lista de bibliografía al final del libro)

¿Por qué he escrito el libro?

Como una manera de agradecer a Dios por lo magnánimo que ha sido conmigo brindándome la oportunidad de vivir, estudiar y graduarme en Inglaterra, y de haber podido trabajar por más de 33 años en la industria manufacturera pública y privada del país. Una forma de retribuir estas bendiciones es aplicar mis humildes conocimientos y experiencia para diagnosticar y buscar soluciones de manera sistémica a los principales problemas del país.

Además, estoy altamente preocupado por el país; ya que la historia nos ha indicado que el comunismo (que nos quieren implantar de manera forzada en el país a través de Cuba- Rusia) ha llevado a otros países a la pobreza del pueblo y tiranía de sus gobernantes, lo cual está sucediendo hoy en día en Venezuela con la emigración de gran cantidad de jóvenes talentos que no consiguen oportunidades económicas para vivir dignamente en nuestro país. No solamente este grave peligro se cierne sobre Venezuela, sino en toda Latinoamérica; es por ello que este libro también puede ser de sumo interés a los lectores del resto de los países del continente.

La gran inquietud de caer en los tentáculos del comunismo se ilustra con el caso de Corea que fue dividida en 1948 por una línea temporal en Corea del Norte (comunista) apoyada por la Unión Soviética, y Corea del Sur (liberal democrática), apoyada por Estados Unidos y Japón. El general Park Chung Hee, líder de Corea del Sur, se alió a Estados Unidos y Japón, quienes con capital, conocimientos, emprendimiento económico y libertad se enfocaron en manufacturar para exportar con el fin de ser autos sostenibles, a la vez generando progreso en su sociedad.

Hoy en día, Corea del Sur goza de una alta calidad de vida (muy cercana a los considerados países del primer mundo); mientras que la Corea comunista continúa gobernada por una tiranía que la ha llevado a la pobreza y la represión del pueblo.

En Venezuela podríamos recordar a Marcos Pérez Jiménez homólogo al el general Park Chung Hee, que fueron militares dictadores con pensamiento de progreso. Él primero fue el mejor de su promoción en la academia militar obteniendo máximo honores —muchos años tuvieron que pasar para que otro lo igualase. Esto es una evidencia de su alto nivel de inteligencia y de su preparación.

Pérez Jiménez ha sido uno de los pocos líderes sociales del país que dejó grandes obras tangibles, como la infraestructura de autopistas y hospitales; e intangibles, como el respeto a ciudadano, seguridad personal, poca delincuencia; fruto de un gobierno que aplicaba disciplina con respeto. Lamentablemente, en 1958 fue derrocado por jóvenes románticos izquierdistas alentados, entre ellos, por Rómulo Betancourt y Carlos Andrés Pérez.

¿Qué pasará con Venezuela si sigue alineada al comunismo de Cuba, Rusia y China?

Los resultados de los últimos años hablan por sí solos:

- Retroceso en el desarrollo económico: alto nivel de escasez de medicinas y alimentos, entre otros rubros principales.

- Aumento de la pobreza: más gente dependiente de las dádivas y subsidios del gobierno central.

- Militarización de todos los poderes públicos.

- Altos niveles de corrupción y de inmoralidad.

- Alto índice de actos de maldad e injusticia con impunidad, lo que cubre a la sociedad con el manto del oscurantismo, que es manifestación del satanismo, lo cual va en contra del verdadero gentilicio del venezolano.

Si no cambiamos la dirección o la ruta en la que vamos, nos convertiremos en otra Corea del Norte.

Veamos otro ejemplo: Egipto ha tenido líderes carismáticos quienes en su mayoría provenían de un estado de pobreza y se convirtieron en mandatarios autoritarios que han impedido el progreso económico de su país, manifestando también alto nivel de corrupción, y que maltrataron a quienes se oponen a ellos por medio de la fuerza militar como brazo de ejecución del gobierno.

La injerencia de otros países extranjeros en sus asuntos de Estado ha sido por el interés del Canal de Suez (para beneficios económicos y geográficamente estratégico).

Asimismo podemos mencionar el caso de Nigeria, país africano y petrolero que tiene guerrillas interna con alto nivel de violencia, corrupción, pobreza, a pesar de ser un país rico con petróleo. Similar ironía ocurre en Venezuela.

Mi expectativa para nuestro país, y lo planteo en este libro, es que podamos reestructurarnos hacia una auténtica democracia con libertad, bajo el manto de la justicia y de la equidad reflejados en y por ciudadanos con integridad y alto discernimiento, consiguiendo así una mejor calidad de vida, armonía con el ambiente y paz social. Adicionalmente, para lograr la transformación positiva individual e institucional, se requiere de líderes con integridad y alto nivel de competencia de acuerdo al perfil indicado en este libro para así llevar al país a un escenario de vida anhelado por la mayoría. Este escenario lo he plasmado en la visión de país que incluyo en este libro, la cual debe ser revisada, acordada y compartida por todas las partes interesadas para su posterior aplicación a nivel nacional.

Marx se apoyó en la teoría de Darwin para inferir que el sistema económico maneja y estimula las actitudes y comportamientos del ser humano en la sociedad. Estoy de acuerdo con este concepto. En otras palabras, las fuerzas de la economía son muy poderosas e influyen en las instituciones públicas y actitudes de los ciudadanos.

Es por ello que debemos disminuir la dependencia del petróleo en nuestra economía. Bajo este contexto, la sociedad será forzada a exigirse a ser mejor usando como vía de reconocimiento la meritocracia, y se podrá diversificar la producción nacional, cada uno aportando valor agregado con calidad hacia un progreso económico y social sostenible. Esto debe ir acompañado del cambio de actitudes actuales no positivas (como la viveza criolla, el facilismo, el egoísmo, entre otras) por actitudes opuestas y a través del manto de la integridad que a su vez se fundamenta en la espiritualidad positiva; algo en lo que ahondaremos en este trabajo.

De esta manera, la economía forjada será fuerte y diversificada, no dará rendijas para que se infiltren en la sociedad los líderes sociales déspotas.

¿Cuál es el beneficio para usted al leer este libro?

¡Hagamos un trato! va dirigido a todos los venezolanos y latinoamericanos cualquiera sea su pensamiento político. Todos, como hermanos, tenemos nuestras diferencias pero somos iguales en cuanto tenemos dignidad. Este trabajo brinda un enfoque sistémico a la situación del país, visto desde otra perspectiva a lo cotidiano y enfatizando, como una de mis más importantes conclusiones, que si actuamos en lo personal con integridad, en el **Supra Sistema Nacional** con imparcialidad, en libertad y deslastrándonos de nuestra cultura del autoritarismo, realmente lograremos mejorar de manera sostenible nuestra calidad de vida, progreso y paz social en armonía con el ambiente.

El libro propone una visión de país que espero sea revisada, ajustada y acordada por todas las partes interesadas, tales como los partidos políticos, las amas de casas, los académicos, los militares, entre otros, para que así sea como una Estrella Polar que guíe nuestra ruta hacia la transformación positiva personal e institucional.

También es mi propósito ofrecerle un mensaje esperanzador a pesar de vivir actualmente en un entorno apremiante con desabastecimiento de víveres, despliegue de inmoralidad a nivel nacional, inseguridad personal y jurídica, alta inflación, deficiencias de los servicios públicos, como electricidad, agua, entre otros, bajo índice de empleos formales y dignos, baja cohesión social, ineficiencia e ineficacia de las instituciones públicas y de justicia, tácticas psico-terroristas y desinformación dadas por la inteligencia castro-comunista al gobierno actual, en detrimento de la unión y progreso del país.

Esto lo digo con propiedad ya que he analizado el anterior contexto de manera metódica usando herramientas gerenciales con enfoque sistémico (holístico), he definido sus causas raíces y estoy proponiendo acciones correctivas de mejoras que sean tanto efectivas como sostenibles en el tiempo. Por lo tanto, lo invito a leer este libro que tiene un estilo diferente a lo convencional, ameno y de enseñanzas, a la vez esperanzador, animándolo a revisar sus paradigmas para así iniciar el cambio personal positivo tan necesario y con ello lograr la transformación positiva institucional que todos los venezolanos anhelamos.

Como todos los logros y éxitos en la vida, primero se requiere de visión, luego de convicción para trabajar con pasión hacia el propósito, a pesar de tener presente los temores y sacrificios que esto conllevará hacia el logro del éxito (cosecha de los frutos deseados).

¡Sí se puede!

¡Nosotros somos los libertadores de nuestro tiempo; la historia nos juzgará!

¿CÓMO ESTÁ ESTRUCTURADO EL LIBRO?

¡Hagamos un trato! está conformado por dos tomos. El primero abarca los temas sociales, culturales y económicos; mientras que el segundo tomo considera los temas referentes a instituciones públicas y el sistema político.

He trabajado en este libro de manera metódica para identificar el verdadero problema del país usando enfoque científico, evitando en lo posible prejuicios para luego identificar sus causas-raíces usando métodos de análisis; finalmente, proponer soluciones, algunas innovadoras, también usando métodos específicos para ello. Edward Deming, gurú de la calidad, quien fue el maestro de los japoneses después de la Segunda Guerra Mundial, dijo que la esperanza sin método es mera esperanza.

He aprendido y usado estos métodos a lo largo de mi trayectoria profesional en manufactura en los últimos 33 años y los he aplicado en este libro, enfocados hacia el ámbito social. No es mi intención que usted conozca y menos aún entienda algunas de estas herramientas que necesitan orientación y práctica para entenderlas, mi intención es que simplemente sepa que hay metodologías para analizar las diferentes naturalezas de problemas.

Lo que sí mi interesa es que conozca las conclusiones que obtuve en la aplicación de dichas herramientas para así ilustrarles las causas raíces y plantearles mis propuestas respectivas a los problemas planteados.

Detallando sobre la estructura de los capítulos del libro; el primer capítulo da breve relato del contexto actual y de la visión que propongo al país. Esto me orientó a interpretar el verdadero problema del país.

Cada capítulo está subdividido en secciones cuyos títulos están acompañados de una letra. Así pues, la letra **E** advierte al lector que dicho subcapítulo manifiesta **Efectos o consecuencias en la sociedad**.

Luego los títulos acompañados con la letra **C** quieren decir que estos denotan las **Causas-raíces** de los respectivos efectos **E**, mencionados anteriormente.

Finalmente, la letra **P** que acompaña algunos subtítulos, señala las **Propuestas o sugerencias** para atacar estas causas raíces y con ello solventar dichos problemas con efectividad.

Por otro lado, es de indicar que el capítulo 2 trata sobre las actitudes no positivas individuales como el desempeño del **Supra Sistema Nacional** que he definido como la integración de los siguientes 6 Sistemas: el económico, el de justicia, las instituciones públicas, el militar, el educativo y el político. Estas actitudes no positivas originan tanto ineficacia como imparcialidad del Supra

Sistema en el trato a las personas estimulando con ello la desigualdad, falta de cohesión o unión social, impidiéndonos con ello así evolucionar como país.

El capítulo 3 titulado "Sistema Económico", analizaremos la macroeconomía, entre otros y daremos respectivas propuestas.

El Tomo II repite este prólogo e inicia con el capítulo que considera la "Gestión de las Instituciones Públicas y del Sistema de Gestión de Justicia".

Por último, en el siguiente capítulo de dicho tomo, titulado "Sistema Político" que expresa lo concerniente a los diferentes tipos de repúblicas, el marxismo, el liberalismo, las estrategias del gobierno actual socialista-comunista para tratar de controlar a las personas y al final de dicho capítulo se hacen propuestas para mejorar de manera sostenible nuestra cultura socio-política hacia el verdadero desarrollo del país.

Un punto importante a señalar es que algunos efectos o causas de un sub capítulo pueden influenciar a otros subcapítulos, es decir interactuar entre ellos, de esta forma intento explicar mejor la realidad usando enfoque sistémico (holístico).

Así pues cuando ocurran estos casos, se hará referencia al capítulo o subcapítulo en cuestión; voy a ilustrarlo con un ejemplo, la injerencia del castro-comunismo (marxismo) en el gobierno sobre el control de los medios de información dado en el sub capítulo 2.9.2 del tomo II ha originado entre otros, una división del país en dos bandos, impidiendo con ello unirnos como sociedad (incrementando la baja cohesión social) explicado en el subcapítulo 2.9 del Tomo I. Dicha cohesión social es esencial para resolver en conjunto los grandes problemas comunes tal como la inseguridad personal y jurídica tratada en subcapítulo 1.2.3 del Tomo II, entre otros.

Gracias y buen viaje en esta aventura…

TABLA DE CONTENIDOS

AGRADECIMIENTO 2

PRÓLOGO 3

¿CÓMO ESTÁ ESTRUCTURADO EL LIBRO?...................7

TABLA DE CONTENIDOS 9

CAPÍTULO 1 12

Gestión de Instituciones públicas y de Justicia................12

   1.1.   Gestión de Instituciones pública (E)...................12

     1.1.1 Salud Pública (E) 15

     1.1.2 Infraestructura (E) 17

       1.1.2.1 Urbanismo e invasiones (E) 17

     1.1.3 Ambiente (E)... 21

     1.1.4 Causas que impiden la gestión pública (C) 22

       1.1.4.1 El Nepotismo (C)...............................24

       1.1.5.1 Principios que fundamentan las mejoras del Sistema de Gestión (P) 24

       1.1.5.2 Modelo de Ciclo de Mejora del Sistema de Gestión (P) 27

         14 principios de deming para la buena gestión....................29

       1.1.5.3 Propuestas de mejora del Sistema de Gestión de Salud Nacional (P)......33

       1.1.5.4 Estrategias para mejorar la Gestión Pública (P) 36

  1.2 Sistema de Gestión de Justicia....................... 40

     1.2.1 Aspectos generales de la Justicia (E) 40

     1.2.2 La Inequidad e Impunidad (E) 43

     1.2.3 La Delincuencia como efecto de la Inequidad y de la Impunidad (E). 46

       1.2.3.1 La Corrupción (E) 47

         1.2.3.1.1 Causas de la Corrupción (C) 50

         1.2.3.1.2 Estrategias para disminuir el Soborno/Corrupción (P) ...53

       1.2.3.2 Redes de diferentes tipos de Delitos (E)................. 55

         1.2.3.3.1 La Violencia (C) 57

         1.2.3.3.2 La Violencia (P) 58

       1.2.3.4 El negocio del tráfico de drogas (E) 59

     1.2.4 Causas de la Delincuencia Cívico-Militar (C) 59

       1.2.4.1 Lentitud del Sistema de Gestión de Justicia (C).........59

       1.2.4.2 No autonomía ni imparcialidad del Sistema de Gestión de Justicia (C) ...61

     1.2.5 Propuestas de Mejoras del Sistema de Gestión de Justicia (Cívico-Militar) 63

       1.2.5.1 Mejoras en la eficacia del Sistema de Gestión de Justicia (P) 63

       1.2.5.2 Independizar el poder judicial del Gobierno Central (P) 67

       1.2.5.3 Justicia Federal descentralizada (P).................68

       1.2.5.4 Leyes (P) 68

       1.2.5.5 Los Jueces (ciudadanos) (P) 69

CAPÍTULO 2...72

Sistema Político...**72**
  2.1 Historia Política Nacional desde la Colonia a la Independencia (E) **72**
  2.2 Sistema Político: definición, misión y objetivos (E) **74**
    2.2.1 Definición de Política 74
    2.2.2 Definición de República (E).. 74
    2.2.3 Definición de la Democracia (E)... 75
    2.2.4 Misión y objetivos del sistema político (E) 75
    2.3.1 Despotismo (E).. 76
      2.3.1.1 Despotismo (C) 79
      2.3.1.2 Despotismo (P) 79
  2.4 Historia y efectos del Marxismo (E) **79**
  2.5 Tipos de repúblicas con fundamento filosófico marxista (E) **81**
    2.5.1 Social Democracia (E) 81
    2.5.2 Socialismo (E)... 83
    2.5.3 Comunismo (E) 83
      2.5.3.1 Efectos 84
  2.6 Desigualdad Social (E) **84**
    2.6.1 Desigualdad Social (C)... 85
    2.6.2 Desigualdad Social (P)... 89
  2.7 Suposiciones en que se basa el marxismo (C) **90**
    2.7.1 La felicidad (C) 90
    2.7.2 Las riquezas (C) 93
  2.8 Objetivos que persiguen los comunistas en el país (C) **94**
  2.9 Estrategias castro-ruso comunistas usadas por el gobierno (C) **95**
    2.9.1 Técnicas psicológicas para influir nuestro subconsciente (C) 99
    2.9.2 Control y manipulación de los Medios de Información (C) 104
    2.9.3 La Economía (C) 106
    2.9.4 Instituciones públicas y de Justicia (C).. 110
    2.9.5 Militar (C)... 111
    2.9.6 La Espiritualidad (C) 112
  2.10 Propuestas para contrarrestar la influencia castro comunista (P)....... **114**
    2.10.1 Estructura política.. 114
    2.10.2 Economía 117
    2.10.3 Instituciones Públicas y de Justicia 118
    2.10.4 Psicológicas... 118
    2.10.5 Libertad de expresión y medios de comunicación 119
    2.10.6 Militar 120
  2.11 Repúblicas con poder descentralizado (E) **120**
    2.11.1 Liberalismo (E) 121
    2.11.2 Democracia Liberal (E)... 124
    2.11.3 Federalismo (Unión en la diversidad) (E) 125
      2.11.3.1 Principios y beneficios del federalismo 125
      2.11.3.2 Factores que han impedido el federalismo en el país (E).....................126
        2.11.3.2.1 Causas que han impedido la descentralización en el país (C).......129

2.12 Expectativas de la gente hacia el tipo de república preferida (2011) (E) **134**

2.13 Influencia del líder en los resultados del país (C) **135**

   2.14.1 Casos reales de cambio de cultura Organizacional (E) 137

   2.14.2 Modelo de grados de cultura social (E) 142

   2.14.3 Barreras para el cambio o transformación................................... 144

   2.14.4 Propuestas para enrumbarnos hacia país desarrollado (P)............ 146

2.15 Situación política actual del país (P) **151**

   2.15.1 Necesidades básicas y latentes de las personas hacia el Sistema Político 151

   2.15.2 La Mesa de la Unidad Democrática (MUD) 153

2.16 Nuevo liderazgo requerido para la transformación del país (P) **155**

   2.16.1 Modelaje.. 155

   2.16.2 Perfil requerido (P) 156

   2.16.3 Influencia de escuelas de pensamiento en líderes sociales 158

   2.16.4 Selección (P) 159

2.17 Evolución de la república (P)...**160**

   2.17.1 Grados progresivos de la Descentralización................................ 160

   2.17.2 Contexto y tácticas para dar inicio a la transformación positiva del país.. 161

   2.17.3 Fases posteriores en la transformación positiva del país.............. 165

REFLEXIONES FINALES **168**

BIBLIOGRAFÍA **169**

CAPÍTULO 1

Gestión de Instituciones públicas y de Justicia

1.1. Gestión de Instituciones pública (E)

Las instituciones y empresas del Estado tienen como finalidad generar servicios y/o productos que brinden satisfacción a las necesidades y expectativas de sus ciudadanos, siempre con la actitud de la mejora continua. Tristemente, la gestión pública ha estado alejada de esta misión, por su ineficacia que genera lentitud; y que está infectada por la corrupción que incrementa la inequidad en el trato que las Instituciones ofrecen a los ciudadanos.

Para evidenciar la desmejora de la gestión pública, en los últimos años se han venido deteriorando la calidad de los servicios públicos:energía eléctrica inestable (cortes de luz), carreteras en mal estado, hospitales sin insumos y deteriorados(sin un adecuado mantenimiento), entre otros.

En lo relacionado con el servicio de gas a las casas, anteriormente era manejado por las empresas privadas, que cobraban un precio asequible y el servicio era bueno. Se contactaba a la empresa y a los pocos días teníamos en casa el gas. Estas empresas fueron absorbidas por el gobierno, lo que generó una caída drástica en la eficiencia a tal punto que me ha tocado sacar la bombona de mi casa y buscar un camión para pedirle el favor de que me la cambien por otra llena (por cierto, ahora tiene menor cantidad de gas que antes) y por ello le pago una propina (de un monto mayor a su precio).

El precio es irrisorio; "eso no es precio justo". Considero que no tienen ganancias, ya que son subsidiados por el gobierno central, por lo que sus trabajadores devengan bajos salarios que los desmotivan, lo que se refleja en un mal servicio. Adicionalmente, no se hacen inversiones de mejoras tecnológicas ni de infraestructura. Todo esto ha degenerado en colas inmensas y una angustia más para la familia venezolana.

Es de indicar que en una encuesta realizada en 1990 en el país, las expectativas de los ciudadanos hacia el Estado eran: atención en salud, alimentación, educación, empleos formales, vivienda y respeto a la contratación colectiva. Ya han pasado 25 años y aún tenemos casi similares prioridades, que no han sido resueltas.

La población ha crecido y ha empeorado la situación. A pesar de la inmensa cantidad de petrodólares que el gobierno ha recibido, este no ha gestionado efectivamente para satisfacer las expectativas de sus clientes en cuanto a la salud pública, creación de empleos dignos, ni de vivienda.

Con respecto a la alimentación, sí se ha cumplido, pero con un alto nivel de subsidio y gran dependencia de la importación; ahogando, por otro lado, a la industria de producción nacional. Es cierto que se ha masificado la educación, pero su calidad ha desmejorado, tenemos muchos profesionales sin empleos y dudamos de la calidad de sus competencias.

Por el otro lado, los líderes del gobierno han estado estimulando un modelaje de antivalores como el irrespeto, la corrupción, la irresponsabilidad, la mentira; además colocando a personas incompetentes en cargos de la gestión pública que modelan lo anterior. En muchos casos abonando el terreno para la corrupción; ya que estos funcionarios en muchos casos trabajan a discreción y en ocasiones gestionan con (inusual) rapidez los casos que involucran sobornos; por ejemplo, retirar productos importados desde las aduanas, asignación de dólares CADIVI, gestión para pedir préstamos a la banca pública.

En otro orden de ideas, el gobierno revolucionario en los últimos años ha estado formando instituciones paralelas a las ya existentes en la República, y les ha asignado presupuestos más altos. Ejemplos de ello en el área de la salud son la Misión Barrio Adentro, los centros de asistencia integrada CDI y Misión Milagro. Han quedado aún más desatendidos los ambulatorios previamente existentes que tienen mayor experiencia en la misma función social.

De acuerdo con una medición hecha por las contralorías comunales en el 2012, el 55% de los Consejos Comunales se gestionaban empíricamente, es decir, no se tomaban las decisiones basadas en forma sistemática con cifras y hechos (faltando análisis metódico de la información), ya que no estában entrenados para tal rol gerencial.

Los problemas más frecuentes presentados por estos consejos para el momento eran:

.- 23% No llegan los recursos.

.-18% Falta de participación de la comunidad.

.- 9% Falta de planificación y organización.

.- 50% Otros

De acuerdo con esto, *se debe mejorar la eficacia de la gestión de las instituciones públicas, disminuyendo entre otras cosas la corrupción, que es uno de los principales factores para la inequidad social, no lleganlos recursos en cantidad ni calidad ni a tiempo a dichos consejos.*

Por el contrario si se disminuye la corrupción, actualmente institucionalizada en el ámbito público, entonces, se disminuirá la desconfianza de los miembros de la comunidad hacia las instituciones del Estado. No obstante, es necesario capacitar (ejemplo, gerencialmente) a los miembros del consejo comunal para su buen desempeño en la gestión organizacional.

Estos mismos problemas ocurrían con las Asociaciones de Vecinos (en la época de democracia). A pesar de haberse forzado el cambio hacia esquema socialista / comunista, los mismos síntomas indeseables se han presentado, sufriendo la mismas enfermedades como la corrupción, la incompetencia, la ineficacia y los antivalores o inmoralidad.

En resumenm se ha cambiado el sistema político del democrático al marxista (socialismo – comunismo) y los problemas básicos anteriores se mantienen.

La **inequidad** o parcialidad de las instituciones de la República hacia las personas se ha convertido en una de las grandes enfermedades sociales en Latinoamércia que los marxistas han usado como uno de sus principales argumentos para atraer adeptos a su doctrina socialista- comunista.

Es importante señalar que una de las principales causas de esta inequidad es la corrupción que extrae o desvía (por malversación) el dinero a ser invertido,, por ejemplo, en el ámbito de la salud, evitando así el bienestar de los más necesitados. En el subcapítulo 2.6 se hablará más ampliamente sobre la desigualdad social.

Según Edwards Deming (padre de la calidad en Japón) la responsabilidad de todo gobierno es la equidad (tratar las partes en discusión sin prejuicio). Esto requiere como preámbulo un clima de libertad con flexibilidad mental de los involucrados para interpretar los diferentes puntos de vista y llegar así a un consenso. El gobierno del pueblo, por el pueblo y para el pueblo. Suena grandioso, pero no tiene significado alguno. La prioridad del gobierno es la equidad. Tanto el acusado como el acusador tienen derecho a ser escuchados. Usted podría decir que esto es engorroso y despilfarrador pero es la única vía para el desarrollo social y de la paz.

Identificando previamente las necesidades de la sociedad y colocándolas dentro de la matriz del Quality Function Deployment (Q.F.D, método comentado en el sub capítulo 3.9.3 del tomo I, los resultados obtenidos de dicha aplicación fueron los siguientes:

La acción prioritaria a tomar con 277 puntos fue la de "Mejorar la gestión del sistema de justicia e instituciones del Estado para que estas sean transparentes, imparciales y eficaces".

En segundo lugar (232 puntos), "Insertar en las instituciones la gestión de valores y no antivalores".

En 3er lugar, "Gestionar para que los diferentes sectores económicos mejoren su gestión para así evitar desabastecimiento y colas".

En 4to lugar "Manifestar respeto hacia la dignidad humana como base de la gestión pública.

Por último en el 5to lugar, "Minimizar prejuicios entre las clases sociales" ejemplo, de clase alta hacia el resto.

Las tres primeras acciones están fuertemente influenciadas por el poder político y hoy en día aún más con el dogmatismo y control del castro comunismo. Tristemente, usando tácticas inmorales a través de la mentira, la irresponsabilidad y el amedrentamiento, entre otros.

Para comenzar a lograr las mejoras en dicho sistema se requiere de un nuevo tipo de liderazgo basado en la espiritualidad positiva, (Ver subcapítulo 2.16.2) que modele decisiones y acciones de manera imparcial y con sabiduria.

1.1.1 Salud Pública (E)

Entre 1945 y1948 en Venezuela, la gestión de salud pública era de alta calidad (mejor que la privada). Cuando el contexto político de la época era la II Guerra Mundia, ¿qué factores sociales y económicos influyeron en ello?

Considero que en esa época comenzó la explotación y renta del petróleo (en lo económico) y en lo social, dado que el pueblo mayoritariamente vivía en las zonas rurales, su comportamiento estaba basado mayormente en valores positivos como también la cultura del esfuerzo.

Según la Organización Mundial de la Salud, Venezuela invierte 5,5% del PIB (Producto Interno Bruto); mientras que el Reino Unido 7,5%. Suena similar índice para ambos; sin embargo, dado el alto nivel de corrupción actualmente en Venezuela, considero que la mitad de ese dinero va a la gestión efectiva de la salud, es decir 2,8%; entonces sería menos de la mitad de lo que usa el Reino Unido.

La Misión Barrio Adentro (sistema de salud paralelo) atiende el 20% de la población; mientras que el sector privado el 40% y el otro 40% los ambulatorios y hospitales del sistema de salud tradicional. En los barrios, al bajar un niño con asma a las 3:30 am al CDI o ambulatorio, se convierte en un asunto de vida o muerte.

Antes de Hugo Chávez el país estaba en el octavo puesto en atención y mortalidad infantil, ahora está en el décimo primer lugar. El hospital CHET (uno de los principales hospitales públicos de Valencia) ha colapsado en 4 años de intervención, se ha presentado contaminación de la sala neonatal por bacterias debido a la poca higiene.

En ese orden de ideas, en el año 2011, mi papá de 82 años y cayó al piso y se fracturó la cadera. Lo llevé inicialmente a una clínica privada, lo tuve un día y me indicaron que debía operarlo, y dado que el monto estaba relativamente alto para mí, pedí ayuda a mis hermanos;. Lamentablemente, no tenían recursos (estaban desempleados en el momento) para ayudarme, así que lo trasladamos al hospital de la Victoria, donde pasó varios meses esperando la operación. En ese tiempo se le infectó una pierna a causa de una bacteria que adquirió el el hospital. En una ocasión, me di cuenta que se limpiaba el piso de su habitación solamente con agua, pregunté las razones y me indicaron que no tenían desinfectante.

Es muy lamentable y triste que en un sitio de salud pública en un momento dado, no tenga como desinfectar los pisos.

Mi papá murió con una pierna amputada (debido a la bacteria), dicha amputación lo afectó de tal forma que le ocasionó un derrame cerebral hasta morirse.

Ahora bien, es lamentablemente que no se divulgen las cifras reales ni las tendencias (validadas por entes auditores independientes) de enfermedades como el dengue, el chikungunya, la mononucleosios, el paludismo, la hepatitis y otras, para así diagnosticarlas y atacarlas con efectividad. La información se filtra a los medios de información público para que no haya pánico ni tampoco delate la mala gestión del gobierno.

Hoy en día se le ha ocultado a la sociedad la verdad sobre la epidemia del brote viral de chikungunya, que se ha esparcido con rapidez a nivel nacional desde el segundo semestre del 2014. ¿Cómo se podrán tomar las debidas acciones correctivas de manera efectiva? Si los que tienen los recursos no quieren reconocer el problema.

Así pues no se informa el verdadero contexto del problema de salud a las partes interesadas:el pueblo, los médicos y los proveedores, entre otros. Otro ejemplo de la desinformación acerca de la salud pública es el desconocimiento del número de motorizados que llegan accidentados a los hospitales y clínicas.

¿Cómo se planea solucionar estos problemas con efectividad y de manera sostenible en el tiempo si no se quiere reconoce la situación??

Es vital y necesario medir con sinceridad buscando la verdad aunque duela para que todas las partes interesadas se aboquen en determinar las causas raíces y tomen las acciones correctivas apropiadas para que la solución sea efectiva y sostenible en el tiempo.

Lamentablemente, en estratos sociales bajos hasta 40% de los niños tiene anemia, 9% nace con bajo peso, como consecuencia de la mala alimentación de la madre durante el embarazo.

La obesidad de los niños pobres al crecer se debe a que consumen primordialmente exceso de carbohidratos (como espaguetti, arroz, entre otros), generando con ello obesidad riesgo cardio-vascular.

La dieta del venezolano es rica en calorías en 70%. En este prevalece como fuente principal el arroz, la pasta, la arepa, la margarina, el aceite y los azúcares. Además del consumo de proteínas como carne, pollo y huevos; pero son pocas las leguminosas (caraotas, perejil,entre otras); y, finalmente, muy pocas frutas.

¡El 75% de los venezolanos prefiere comer algo más sabroso que sano!

¿Qué les parece? Más importante el sabor que la nutrición, esto refleja desconocimiento e indolencia ante la verdad de los beneficios de una alimentación / nutrición sana. La mala nutrición genera más muertes en hombres (cardiovascular) y en damas (diábetes) que homicidios.

Aunado a ello, la situación de constante angustia e incertidumbre a la que hemos estado expuestos genera estrés y consecuencias psicológicas que también afectan la salud. La crisis política, la inseguridad y la inflación, entre otros, han disminuido nuestras defensas (sistema inmunológico), lo que ha generado enfermedades somáticas como hipertensión, herpes zolster, cáncer, diabetes.

Es de indicar que las emociones negativas (baja vibraciones) como la rabia, la frustración y la humillación también deprimen nuestro sistema inmunológico. Adicionalmente, nuestra comida tiene restos de componentes químicos como pesticidas y parasiticidas que afectan de manera negativa nuestro organismo.

1.1.2 Infraestructura (E)

1.1.2.1 Urbanismo e invasiones (E)

En lo que corresponde al urbanismo, las invasiones generan los futuros barrios, donde proliferan la delincuencia y otros problemas sociales. Estos barrios surgen sin planificación con pobre infraestructura tales como en redes cloacales la red cloacal, parques, escuelas entre otros. Esta falta de planificación es incentivada por el gobierno al permitir estas invasiones como una solución a cortoplazo, dada la falta de de una solución efectiva habitacional para las personas más necesitadas.

La situación actual de vivienda de la población más pobre son ranchos (sin terreno propio) con poca higiene, alta promiscuidad y conformismo con su marginalidad (estancados en su confort de vivir marginal) siendo esto un potencial criadero de jóvenes delincuentes.

Una de las causas de la proliferación de estos ranchos en las zonas aledañas a la ciudad es la baja calidad de vida que ofrece la zona rural; por lo tanto, ser pobre en la ciudad es preferible a ser pobre en las zonas rurales.

Hay una gran desigualdad de vida entre quienes habitan en la ciudad y los que viven en el campo, este último con inadecuada atención en la salud, infraestructura y educación. Esta gran desigualdad ha sido la causa de las migraciones a las ciudades lo que ha creado cordones de miseria con alta densidad de ranchos en los cerros, condiciones de promiscuidad, delincuencia y violencia, especialmente en los jóvenes, quienes normalmente abandonan los estudios y no trabajan de manera estable.

En 1940, el 30% de la población vivía en la urbe, en el 2012 esta cifra aumento a 90%.

Estos datos son una demostración de la improvisación social (falta de planificación), aspecto básico de una buena gerencia; por el contrario, redunda en más costos económicos y sociales (violencia y homicidios) a mediano como a largo plazo, ya que harán aún más difícil el camino hacia una vida digna.

El descuido de la planificación de las ciudades, ha impactado de forma negativa en lo ecológico y social. Existe una disposición no idónea ni sostenible de la basura, alto volumen de tránsito, falta de orden y limpieza, falta de potabilidad del agua, solamente 3% de esta es tratada; mientras que en Alemania o Bélgica una persona puede tomar agua del lavamanos porque es 100% potable. Aparte de las mencionadas hay otras fallas como la falta de regularidad y calidad en los servicios públicos..

El gobierno debe planificar y trabajar en cooperación con la empresa privada en proyectos de infraestructura y de servicios tales como la fabricación de viviendas dignas con zonas verdes, reparación y construcción de carreteras, hospitales, el asegurar servicio de agua potablede manera sostenible en el tiempo, independientemente del tipo de gobierno que esté al mando.

Finalmente, si logramos tener nuestras ciudades bien equipadas, funcionales, gratas (con espacios permanentes) dentro de un clima de seguridad personal y jurídica, estas atraerán inversionistas y generarán actividades económicas sanas que repercutirán en riquezas y en bienestar para el país.

En 1946 el gobierno decidió emprender un plan nacional de carreteras y en 1970 éramos envidia de Latinoamérica (inicio de la era petrolera con ética en la gestión), este gran paso lo inició Marcos Pérez Jiménez (con actitud de progreso). Hoy en día muchas de nuestras vías terrestres no están en buenas condiciones.

La autopista regional del centro (Caracas – Valencia) en 2012 y 2013 presentaba en muchos sectores pavimento deformado, agrietado y ahuecado (mala calidad); a pesar de habérsele hecho varias reparaciones.

Me pregunto ¿Cómo se certifica la calidad de ese trabajo? ¿Qué pasa cuando no se cumple con los estándares de calidad previstos? ¿Qué sanciones hay y cual es su frecuencia a nivel nacional?

Es mi parecer que en la mayoría de los casos hay impunidad y con ello corrupción.

Como muchos contribuyentes al impuesto sobre la renta tenemos el derecho a exigir calidad en las vías públicas, si esto no ocurre así (como sucede en la actualidad); entonces que nos compensen los gastos por daños prematuros del tren delantero de nuestros vehículos.

¿Eso no sería justo y a la vez obligaría a los entes públicos a ser más eficaces?

¿Qué otras propuestas usted recomendaría a tal problema?

Por otro lado, ha habido una creciente presencia de motorizados en las vías públicas y no se han construido nuevas o planteado alternativas, considerando este nuevo tráfico vehicular. En 1978, Renny Otolina dijo que deberíamos ocuparnos de los motorizados en Caracas, ya que actuaban con anarquía. Han pasado 37 años desde aquel entonces y no se ha hecho algo al respecto, más bien ha incrementado vertiginosamente el número de motos en el país, y con ello los accidentes.

¿De quién es la culpa? ¿De la vaca?

No. Realmente es nuestra, ya que no ha habido la cultura de actuar preventivamente; es decir, no se han tomado acciones al respecto. Lastimosamente, aún no se ha hecho algo efectivo.

En otros países tanto las motos como las bicicletas tienen vías propias y paralelas a las de los vehiculos automotor.

En lo referente al tema de la construcción de líneas férreas, es una gran decisión y acción a considerar para el desarrollo del país. Sin embargo se ha tardado y gastado mucho dinero, tiempo y materiales por encima de lo presupuestado. La corrupción y la incompetencia han afectado este proyecto.

He tenido la oportunidad de visitar algunos países como Francia, Inglaterra, Estados Unidos y Alemania, que tienen redes ferroviarias y en muy pocas ocasiones observé líneas férreas aéreas soportadas por pilares; solamente las vi en puentes para cruzar rios o montañas. Las líneas de tren a ras de piso, les da más firmeza, seguridad y facilidad de mantenimiento.

En el tramo de la vía férrea entre Carabobo y Aragua observé una gran cantidad de pilares y módulos de acero que soportan y resguardan la vía del tren, que va paralela a la autopista regional del centro. Dichos pilares han consumido gran cantidad de concreto y cabillas.

La pregunta que me hago es: ¿Por qué se tuvo que hacer de esa manera y no se construyó la línea férrea en suelo firme? Es algo que considero ha sido un craso error que debe ser investigado y sancionado; ya que ha generado dos situaciones muy desventajosas para el país:

1.- Esta gran cantidad de concreto y cabillas (pilotes de soporte del tren) pudo haber sido utilizado para construir hospitales, viviendas, reparar puentes, hacer distribuidores, etc.

2.- Hay ciertos tramos de la vía férrea que pasan por zonas sísmicas de Carabobo y Aragua. Al tener altura estos pilares, en momento de sismo, la vibración en los rieles aumentará, lo que pudiera generar altos riesgos de fallas fatales para los seres humanos y materiales. Finalmente, se hace más difícil el mantenimiento de dichas vías que en el tiempo ocasiona riesgo de fallas fatales.

En lo referente a la situación de electricidad, si tuviéramos una economía sana estuviéramos consumiendo 21000 MW y actualmente (2012) estamos consumiendo menos de 17000 MW. El 60% del flujo eléctrico es generado por hidroelectricidad y 40% termoeléctrico (ver * P1).

Este gobierno ha gastado 60.000 millones de dólares y más bien se ha reducido la capacidad de generación de electricidad en 1500 MW,¿Qué le parece?. Se ha gastado gran cantidad de dinero y los resultados son peores.

¿Qué tipo de gerencia está llevando esas riendas? ¿Qué medidas de sanción y plan de acción hay al respecto? El gobierno no es transparente ni informa a la ciudadania al respecto.

Sin electricidad no hay agua, ni seguridad, ni funcionamiento de hospitales, ni comunicación.

El gobierno debería compensar a las personas que pagan impuestos por los daños a sus equipos electrodomésticos clave tales como la nevera, debido a las fallas eléctricas. Esto sería una medida justa y a la vez presionaría a la gerencia pública a actuar con mayor eficacia!

Sería una manera de sentirnos respetados por el gobierno.

Por otro lado, 40% de la energía eléctrica consumida no es pagada (por instituciones del gobierno) equivalente a 1500 millones de dólares, y la otra parte es robada.

Lo que se recaba en electricidad alcanza en pagar 25% de la nómina. Una de las causas principales de las fallas en Venezuela es el bajo mantenimiento de la red de transmisión eléctrica para la cual se han empleado cubanos y chinos,despreciando a los profesionales venezolanos del ramo, quienes son los especialistas.

1.1.3 Ambiente (E)

Hay 180 rellenos sanitarios y 80% de ellos no cumplen con los estándares; es decir la manera como queman o entierran la basura, no cumplen con las especificaciones ambientales.Es importante recordar que gran parte de estos rellenos la gerencia el gobierno.

Aquí comentaré casos muy específicos de la ciudad en que vivo.

.- <u>Lago de Valencia</u>

Existe una contaminación grave del lago de Valencia (el más grande de Venezuela); ya que las cloacas de la ciudad caen allí. Lamentablemente, las plantas de tratamiento de aguas residuales no están funcionando bien y no son suficientes dado el crecimiento poblacional. Por otro lado, en los últimos años se ha acrecentado el volumen de agua que ha recibido este reservorio, aumentando su cota a un nivel peligroso. Los entes del gobierno han estado sacando y desviando parte del agua hacia el río Pao, con ello contaminándolo.

Este río desemboca en el dique Cachinche, el cual surte a la tubería regional del centro que surte el agua a las ciudades de Valencia y Maracay. Esta situación ha generado en los últimos años enfermedades infecto- contagiosas como la hepatitis y ladiarrea.

.- <u>Tala y quema</u>

En época de sequía, muchos de los cerros aledaños a la ciudad los queman como una forma rápida y barata de eliminar la maleza seca y los animales ponzoñosos. La tala indiscriminada) afea el paisaje, empobrece los suelos y crea un micro clima seco como caluroso. Es necesario hacer campañas educativas para erradicar este hábito y sustituirlo por la siembra de árboles, con el fin de brindarle un mejor futuro a los que vendrán.

.- <u>El petróleo</u>

Con la extracción del petróleo se va hundiendo progresivamente el suelo (dejando progresivamente un vacío en el subsuelo) lo que crea trincheras en esos sectores. Por ejemplo, Ciudad Ojeda y Cabimas son zonas donde se ha extraído por mucho tiempo el crudo y se han hundido, por lo que el muro del lago de Maracaibo se ha tenido que elevar con cierta frecuencia en estos sectores.

Si no hay un buen buen mantenimiento de ese muro, se convertirá en un potencial peligro pudiendo inundar a las mencionadas ciudades. Y no sabemos, si estas trincheras originadas por la explotación petrolera originararán también movimientos sísmicos con el fin de acomodar y estabilizar su geomorfología.

El estándar internacional de gestión ambiental como la ISO 14000 y la 14001 dan excelentes lineamientos para diseñar e implantar un sistema de gestión ambiental con el enfoque preventivo de minimizar la contaminación y lograr el menor impacto sobre el ambiente; los invito a indagar en internet al respecto.

1.1.4 Causas que impiden la gestión pública (C)

Existe el paradgima político que el Estado Social, a través del gobierno con poder centralizador, salvaguardará la calidad en la gestión de la salud, la educación, la seguridad social, las viviendas y los serviciosde la población. Inclusive en la llamada cuarta República con la "democracia-social" su actuación fue "populista" al regalar o dar dádivas, sin incentivar la moral ni el valor por el esfuerzo.

Así pues los últimos gobiernos han fallado en el modelo de Estado Social tradicional; ya que no han sido equitativos ni prósperos de manera sostenible, más bien han promulgado el nivel de pobreza (mental y física) en un amplio sector de la población. Adicionalmente, las gestiones gubernamentales han generado desconfianza porque no han jugado limpio; han elaborado leyes sin previo consenso de todas las partes interesadas, incumpliéndolas a discrecionalidad, actuando con inequidad, creando con ello molestias y disminuyendo la participación ciudadana.

Una de las principales causas de lo anterior es que la mayoría de los líderes sociales han tenido bajo nivel de competencia gerencial y tecnológica para gobernar el país, demostrando ignorancia, soberbia y egoísmo.

Esta incompetencia gerencial ha modelado antivalores como el irrespeto, la corrupción, la irresponsabilidad y la mentira; tampoco han conformado equipos de alto desempeño, ni los proyectos bien gerenciados.

Para empeorar esto, se ha seguido una filosofía marxista en la planificación macroeconómica (poder centralizador del Estado) originando con ello una gestión pública basada en parcelas de poder, de manera autoritaria (estilo militar), lo que ha originado baja coordinación y sincronización entre sus partes, obteniendo así baja eficiencia y eficacia en los resultados sociales y económicos.

Estos líderes han cambiado con frecuencia las prioridades por intereses particulares, dificultando el cumplimiento de los indicadores y las metas que van en pro del capital social y del bienestar de los ciudadanos.

La mala gerencia anterior aunado a la proliferación de la corrupción, de las redes de delincuencia, los fraudes, ha empeorado la calidad de vida del venezolano.

La gestión pública no ha sido eficaz en satisfacer las necesidades de la sociedad y la corrupción ha sido una de las causas de la inequidad social, ya que las instituciones públicas no ofrecen sus servicios por igual a todos, por ejemplo, al no llegar los debidos recursos a los más necesitados se ha incrementado la pobreza.

Por otro lado, se ha elaborado una gran cantidad de leyes en los últimos años orientadas a imponer mayor control sobre los individuos e instituciones de filosofía marxista (poder centralizado del Estado). Esto ha generado mayor burocracia, resta flexibilidad a la gestión pública y privada, ocasiona "colas" y atrasos que repercuten en grandes pérdidas de tiempo y de recursos del país. Este tiempo perdido en las colas pudiese ser utilizado para hacer actividades destinadas a elevar el nivel de productividad de país. ¿Cuántos millones de horas-hombre se despilfarran en el país por las colas al año?

Además de que no agregan valor, los controles obstaculizan el flujo del proceso de la gestión institucional. Demuestran la desconfianza que tienen los gobernantes actuales de sus ciudadanos. Esto me recuerda un dicho criollo que indica: "Todo ladrón juzga por su condición". ¿Y quién dijo que no podemos confiar en el ciudadano?

Por unos cuantos pagan millones de personas. Siempre habrá minorías que se desviarán por encima y otros por debajo del estándar, esto es un comportamiento normal estadístico, pero por ello, todos debemos pagar la culpa. Esto es injusto.

¿Qué filosofía de gobierno y condiciones debemos colocar en el supra sistema nacional para que se disminuyan los controles? ¿Qué condiciones deben de crearse para lograr un mayor clima de confianza entre gobierno y ciudadano?

Finalmente, por razones de amistad o familiares se colocan a personas en puestos públicos sin las debidas competencias. Esto se llama nepotismo, que según la real academia española se define como desmedida preferencia que algunos dan a sus parientes para las concesiones o empleos públicos. Esta situación es originada por el abuso de los que están gobernando con poder centralizado (inspirado por el marxismo), en ocasiones por encima de las leyes, que se convierten en déspotas, término que según la Real Academia Española significa: abuso de superioridad, poder o fuerza en el trato con las demás personas.

1.1.4.1 El Nepotismo (C)

Esto es la desmedida preferencia que algunos dan a sus parientes para lograr las concesiones o empleos públicos. Por ejemplo, tenemos el caso de los familiares de Chávez, algunos han sido designados como ministros sin tener la debida competencia.

El nepotismo acaba con la meritocracia, que es vital para lograr un sistema de gestión pública eficiente y enrumbarnos hacia el progreso y la paz.

Otro ejemplo, de esto es el nombramiento de personal incompetente en los cargos públicos, como en PDVSA, debido a que son adeptos a las doctrinas revolucionarias marxistas. Esto ha traído consecuencias nefastas, han ocurrido tragedias como la de la refinaría de Amuay (la mayor productora de gasolina del país), que debido a un gran explosión se dañó parte de sus instalaciones y hubo varios muertos. Desgraciadamente hasta la fecha de hoy no se ha dado claridad de los hechos,ni de sus verdaderas causas ni de las acciones correctivas y preventivas. Así pues a nivel público aún no sabemos mucho de esta gran tragedia Que además mermó la producción nacional de gasolina.

Lamentablemente, el gobierno chavista-marxista ha dejado a un lado la meritocracia por la "dedocracia", que es otra táctica para que las personas señaladas sean fáciles de manipular por los líderes de la revolución y así sigan sus conductas de antivalores como el irrespeto, el facilismo, la corrupción, la irresponsabilidad;que también es una táctica del castro comunismo Así estas personas queden atrapadas en la red de la delincuencia oficial formando así una economía subterránea que le llamo **"Topo"**.

1.1.5.1 Principios que fundamentan las mejoras del Sistema de Gestión (P)

El éxito de todo sistema de gestión depende directamente de la convicción y compromiso de la alta gerencia (en nuestro caso de los políticos), que sugiero deberían alinearse a una visión común y noble.

Propongo que las partes interesadas tales como los partidos políticos, los empresarios, los académicos y y representantes de familias (madres)se reúnan y definan la visión de país (escenario deseado, respetando la dignidad de todos). Esta visión debería dar prioridad al aspecto económico – social por encima del político- jurídico, y debería ser firmada por todos como si fuese un acta de independencia al que hay que seguir, indiferentemente del gobierno o líder que llegue al poder.

De esta forma habrá voluntad política de cambio (minimizando el poder del centralismo del gobierno), con ello se iniciaría la verdadera transformación positiva de las instituciones como de las personas.

Por otro lado, apuntemos a formar líderes de acuerdo al perfil indicado en el subcapítulo 2.16 para iniciar de manera sostenida la transformación positiva de las instituciones públicas.

Que el paradigma actual de obtener poder como medio para lograr dinero, bienes y otros, sea cambiado por el de adquirir conocimiento en un clima de libertad, integridad y meritocracia, para lograr mucho más beneficios y riquezas que con el paradigma anterior.

Estos líderes deben promulgar la formación de equipos de trabajo con alto desempeño, dentro de un clima de confianza y "empoderar" a las personas para que asuman sus responsabilidad,con las debidas competencias obtenidas por adiestramiento. Aunado a esto, los líderes deben gerenciar sus procesos bajo enfoque "holístico" o sistémico es decir entendiendo todo el contexto para así asegurar eficacia de su gestión. De esta forma, se disminuirá los controles y el sistema de gestión pública será más efectiva y con menor costo; en la gerencia moderna este enfoque se le llama "Metodología Lean" e inclusive se podría pensar en una gestión financiera autosostenible, por supuesto subsidiando a los pobres o los más débiles.

Todo sistema de gestión debe ser gerenciado de buena manera para que sea exitoso, por ello aquí sigo las recomendaciones del padre de la calidad en Japón, Edwards Deming, (estadístico) en conjunto con Shewhart en Estados Unidos en la época de la segunda guerra mundial identificaron 4 fases en la creación de un sistema de gestión, según lo ilustrado en la fig.1.1 identificadas con las siglas (PDCA). Estas son: P (planificación); D que viene del inglés (DO) que significa hacer; C (chequear) y A(ajustar). Hoy en día, todos los principales sistemas de gestión a nivel mundial tal como el patrocinado por la ISO (International Standards Organization) se basan en esas 4 fases, por ejemplo, en el sistema de gestión de la calidad según la norma ISO 9001, en el sistema de gestión del ambiente según la norma ISO 14001 y otras.

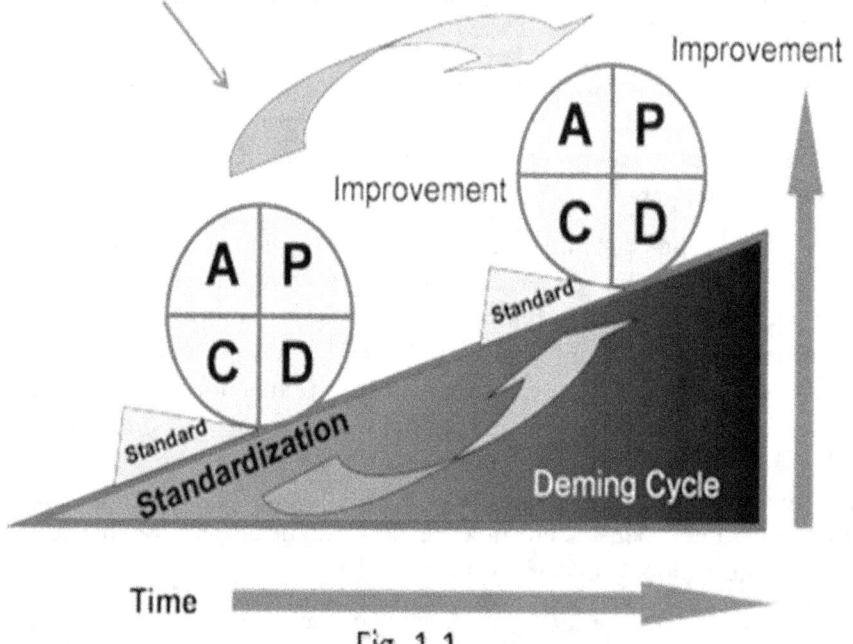

Fig. 1.1

Considero imperativo que todas las instituciones públicas apliquen una filosofía de gestión organizacional como los indicados arriba, esto a su vez requiere aprender y aplicar otras herramientas tales como la planificación estratégica, el análisis de problemas, el orden y la limpieza,.

Dado que la gestión de gobierno impacta directamente en 70% sobre la calidad de vida de la familia venezolana, de acuerdo a análisis que he hecho me atrevo a indicar que 4 son las acciones prioritarias para encaminarnos hacia la visión de país que se plantea en este libro.

1.- Seleccionar a los **líderes sociales o políticos** *con las competencias requeridas según subcapítulo 2.16*

2.- Incrementar la producción nacional y con ello mejorar **la economía,** *esto requiere de un cambio de paradigma para desplazar la filosofía marxista por una que se enfoque en la economía en libertad dentro del marco de la Moral apuntando al e bienestar social.*

3.- Reordenar el **sistema de justicia** *y el poder electoral para que sean eficaces y autónomos de cualquier influencia del poder político y externo.*

4.- Mejorar la gestión de las **Instituciones públicas** *para que sean imparcialesy eficaces según lo descrito en este capítulo..*

La gestión pública debe considerar con seriedad la manutención de su infraestructura, en ese orden de ideas, Existe una metodología japonesa para una buena gestión de mantenimiento de los activos e infraestructura llamada "Mantenimiento ProductivoTotal" en inglés "Total Productive Maintenance" , sobre la cual le invito a indagar por ejemplo, enInternet.. Esta es una forma de pensar de manera sistemática que lleva a las organizaciones y a las personas a cultivar la cultura del mantenimiento. Estoy seguro que esta metodología será de gran ayuda a las instituciones públicas. Esto es fácil de iniciarlo porque en el país aún quedan algunos especialistas en la materia.

1.1.5.2 Modelo de Ciclo de Mejora del Sistema de Gestión (P)

Todo sistema de gestión sea pública o privada se rige por un ciclo de mejora continua divulgado por Edwards Deming,quien enseñó a los japoneses las técnicas de la calidad e indicó que **85% de las causas que impiden la satisfacción de los clientes están relacionadas con deficiencias de los sistemas y de los procesos, en vez del individuo.**

Considero imperativo que todas las instituciones públicas apliquen dichas normas o guías (ISO), que exigen a su vez aprender y usar otras herramientas como la planificación estratégica, análisis de problemas, orden y limpieza.

A continuación detallo las 4 fases (PDCA) indicadas anteriormente que componen a un sistema de gestión:

Planificación (P) – (D) Do = (H) Hacer - Chequear (C) y Ajustar (A).

(P) **Planifica**r: la alta gerencia elabora metódicamente la planificación estratégica, en el caso citado, es responsabilidad del gobierno planificar, definir metas e indicadores, proveer de recursos, como por ejemplo, personal con alto nivel de competencia ydinero.

Gestionar auditorías independientes de la influencia política, como también hacer seguimiento y control a los indicadores clave de la gestión del supra sistema nacional para luego tomar acciones correctivas. Los líderes sociales modelan integridad, "juego limpio" y alta competencia en la realización de sus funciones.

Un rol primordial en la gerencia es planificar con enfoque preventivo; esta es una aptitud que se va desarrollando con la experiencia. Sin embargo, hay metodologías gerenciales modernas que inculcan dicho hábito de pensamiento preventivo de forma sistemática; tal como el método de Análisis Modo Efecto de Fallas *(AMEF),* ver (*1.1).

Este evalúa los riesgos potenciales más impactantes de manera sistemática para luego tomar acciones que eviten o minimicen los posibles daños a seres humanos y/o materiales.

Tenemos poco hábito de pensamiento preventivo en nuestros quehaceres diarios; es decir, no estamos acostumbrados a identificar con anticipación los riesgos y peligros, para así tomar las acciones a tiempo, antes de que estos peligros se transformen en tragedias o accidentes. Una manera de cultivar el pensamiento preventivo es aplicar la anterior metodología. Imaginémonos un escenario catástrofico, por ejemplo, una guerra mundial. ¿Cúantos meses de inventario de comida tenemos en el país para mantenernos?

Sabiendo que gran parte de nuestra comida es importada. ¿Alguien sabe?

Suiza, por ejemplo, tiene inventario suficiente para sobrevivir por 1 año, ellos sí tienen enfoque preventivo y aplican el ciclo de Deming (ver figura 1.1).

Mi pregunta es: ¿Ellos son más inteligentes que nosotros? ¿Tienen acaso 3 cerebros? Pues no, son igual de inteligentes pero tienen un supra sistema que se maneja con valores positivos, y en el que hay un equilibro de fuerzas (evitan el despotismo), sus líderes son preparados y tienen alto nivel de competencia.

(D) **Do (inglés)** = (H) **Hacer**: la organización (en este caso las instituciones públicas) lleve las actividades de sus respectivos procesos de acuerdo con lo planificado en un clima de confianza y respeto, en el que se expongan los diferentes puntos de vista sin temor; se administre con ética y se ejecuten las acciones según lo planificado para lograr las metas. Que el clima de trabajo sea tan bueno que las personas se sientan agradadas y orgullosas de su trabajo, y lo realicen con entusiasmo y motivación (PASIÓN).

(C) **Chequear**: Se miden los indicadores clave de los procesos a través de la técnica de control estadístico de procesos y se analizan los resultados relevantes. También se realizan auditorías externas e internas transparentes y competentes para diagnosticar la verdadera situación de las instituciones públicas y presentar dichos informes a la alta gernecia (en nuestro caso el gobierno) para que se tomen las debidas acciones correctivas y de mejoras.

(A) **Ajustar**: cuando la gerencia, al ver desviaciones de lo esperado, toma decisiones para lograr las metas deseadas.

Los logros obtenidos se mantienen en el tiempo al pasar lo aprendido a estándares o procedimientos dentro de la organización, ilustrado esto como cuñas de los círculos de la figura 1.1. Como todo es mejorable, entonces, la pendiente indica el esfuerzo requerido para subir al proximo nivel; esta nueva posición del ciclo se le denomina "mejora continua" en una búsqueda de la excelencia.

Los gobiernos han hecho planificación **(P)** de acuerdo a su visión y agenda de trabajo; también han ejecutado **(Do) = (Hacer)** los planes de acción pero a medias; han chequeado el trabajo realizado **(C)** en muy poca cantidad y, por último, han hecho casi nada de ajuste **(A).**

Ya que en el sistema de gestión de la calidad hay un axioma que dice "lo que no se mide, no se controla" me atreví a cuantificar la gestión gubernamental dando valor a cada fase de dicho ciclo, por lo tanto: planificación **(P)** alrededor de 50%; ejecución **(D)** cerca de 50%; el de chequeo **(C)** cerca de 20% y el de ajuste **(A)** en 10%.

Según los valores anteriores sugiero aplicar la siguiente ecuación para determinar la eficacia promedio de la gestión pública es (50+50+20+10) / 4 = **33%**

Dicho valor señala el nivel de eficacia de la gestión pública, en forma general, habrá algunas instituciones con valores por encima y otros por debajo de este promedio.

Como contribuyente al fisco nacional, mi expectativa es que las instituciones públicas tengan un índice de **70% mínimo**; así que recomendaría a las autoridades públicas a realizar una reflexión de estos valores e iniciar acciones al respecto.

14 principios de deming para la buena gestión

Por otro lado, aparte de aplicar el ciclo de mejora continua de Deming según la figura 1.1, para mejorar la gestión pública, sugiero considerar también sus 14 principios y otros aspectos relevantes de la cultura de la Empresa Toyota, considerada como una de las empresas manufactureras más exitosas del mundo por su alta calidad, productividad, entregas a tiempo, precios competitivos, innovación, consciencia social y ambiental, para mayor información pueden consultar el libro "The Toyota Way" por J. Liker (*1.2).

A continuación los 14 principios señalados que requieren previamente de un gran convencimiento de la alta gerencia para su aplicación exitosa en la gestión pública:

<u>1er Principio</u>: Crear constancia en el propósito

Para ello debemos tener clara la visión (sueño).

Por ejemplo, la visión de Toyota es la de generar valor a los clientes, sociedad y economía. Comparada esta visión con lo indicado en la figura 3.10 del tomo I, cumple con los dos polos (rentabilidad con solidaridad).

<u>2do Principio</u>: Adaptar la nueva filosofía de trabajo y la visión en la organización"

Para ello se requiere de gerentes / líderes sociales competentes y éticos. La función de un buen gerente es posicionar a la persona correcta en el rol correcto y crear héroes en cada rol, los cuales están comprometidos en trabajar hacia la visión con pasión modelando los valores positivos.

Por otro lado, dinamizar las instituciones (hacerlas más ágiles) y auto-sostenibles, controladas a través de técnicas gerenciales modernas, moral y la aplicación de la "meritocracia"para evitar influencia política.

3er Principio: Cesar la dependencia del control e inspección

Disminuir el número de controles / firmas de aprobación y así aligerar el proceso. De esta forma mejoraría la fluidez del proceso, disminuirían las colas y la gestión sería más efectiva.

Para ello se deben instalar estilo de gerencia tipo pared de cristal (gestión transparente) en los procesos administrativos; para así brindarles a los funcionarios públicos, previamente educados y entrenados, la oportunidad y responsabilidad de gestionar con mayor libertad. Si alguno se aprovechara de esto se deberá sancionar; eliminando la impunidad y con ello los delitos.

4to Principio: Escoge a los proveedores que te convengan

La calidad de tu productos o servicios dependerá en gran parte de ellos. La escogencia de los proveedores se debe de hacer de acuerdo al sistema de gestión de la calidad y no por corrupción. Esto aplica en todo ámbito, sean público y privado.

5to Principio: Lleva en tus venas la actitud de la mejora continua como hábito de vida

Este principio exige humildad para aprender y así buscar la excelencia a través de la mejora continua, esto se puede lograr institucionalizando la meritocracia.

6to Principio: Institucionalizar el entrenamiento para aumentar la competencia de los individuos

Es vital mejorar el nivel de competencias de los funcionarios públicos, así que como uno de los objetivos estratégicos de las instituciones es la de medir el nivel de competencias y asegurar el entrenamiento continuo a los funcionarios públicos para que ejerzan sus funciones a cabalidad.

7to Principio: Entrenar a las personas para ser líderes positivos

Esto potenciará el desempeño general del sistema público a través del empoderamiento de los funcionarios, quienes además de sus competencias técnicas y gerenciales deberán demostrar comportamiento moral se propone en subcapítulo 2.16.2

<u>8tavo Principio</u> Erradicar el miedo

El temor encarcela el potencial aporte de un individuo a la sociedad. La mayor cantidad de presidentes que ha tenido el país han sido militares (cerca de 60%). El estilo de liderazgo de ellos ha sido y es autoritario, el cual se basa en el temor para así mantener su poder.

Esto va en contra de este principio de erradicar el miedo para ello se debe crear un clima de respeto para saber escucharnos empáticamente entre todos y actuar acorde. Esto creará el nivel de confianza para erradicar el temor y así ser más fructíferos e innovadores.

<u>9no Principio</u> Romper barreras entre departamentos

Estas barreras creadas por diferentes razones (prejuicios, egoísmo, desconfianza) dañan la buena comunicación originando con ello, malos entendidos y conflictos que perjudican la gestión de la organización.

Si se aplica una gerencia de pared de cristal, el sistema (con sus procesos) se gestiona de manera visible y transparente; usando el ejemplo del fútbol, en el cual cada jugador ve constantemente la ubicación de la pelota y de acuerdo a su rol actuar como tal.

<u>10mo Principio</u> Eliminar slogans y metas

Los slogans son tácticas cortoplacistas y en muchas ocasiones con metas inalcanzables desmotivando al personal.

<u>11° Principio</u> Eliminar cuotas numéricas, sin previo análisis de capacidad del proceso

Los resultados no solo dependen del funcionario público, sino de otros factores más influyentes que son los de los procesos y del supra sistema nacional.

Edwards Deming ilustraba lo anterior con una demostración pública al sacar bolas de diferentes colores de una bolsa de tela. Previamente, él metía en dicha bolsita 40 bolas blancas y 8 bolas rojas.

En la presentación al público le pedía a alguien que tomara el rol de un obrero de fábrica, cuya tarea era la de sacar bolas blancas del bolso de tela (producción). Las bolas rojas eran consideradas productos con defectos.

El requerimiento era que solamente podía sacar (bolas blancas), ya que estas correspondían a buena producción y era gratificado con aplausos. No debía sacar bolas rojas, ya que correspondía a defectos de producción y era, por lo tanto, sancionado con abucheos.

Como ustedes se imaginarán ese hombre en ocasiones fue abucheado; ya que en oportunidades sacó las bolas rojas; a pesar de que trataba de no hacerlo, pero el arreglo previo del número de bolas (proceso) dentro de la bolsa le impedía lograr su meta.

Algo parecido nos ocurre en la vida real, en ocasiones exigimos metas a alguien y no nos percatamos que el proceso ya está previamente contaminado y fallamos. Por ello es importante conocer el contexto y comportamiento del proceso previamente mediante técnicas o herramientas (algunas aplico en este libro) y así tomar decisiones más acordes a la realidad o contexto.

Un buen caso para aplicar esto son las colas que tenemos en nuestro acontecer diario: en el tránsito, en el banco, en las instituciones públicas. ¿Cómo se pueden reducir? Se necesitará de metodología científica para considerar cada contexto y luego brindar las mejores soluciones que puedan servir al país.

12° Principio Remover las barreras que no permiten el reconocimiento y orgullo del trabajo

Tomar acciones para que las personas se sientan orgullosas de su trabajo (empoderándolas) y reconociendo sus fortalezas y debilidades.

Lo que la mayoría de los ciudadanos espera es que las personas de servicio público sean competentesy se sienten inspirados yempoderados para que de esta forma se sientan útiles y agradados de lo que hacen.

Al hacer lo anterior se logrará un buen clima laboral. Para ello se debe tener el área de trabajo ordenada, limpia, confortable, amena y segura, bajo un ambiente de respeto mutuo.

Todo lo anterior propiciará que el funcionario público ofrezca una mejor atención al ciudadano.

13° Principio Institucionalizar la mejora personal y educacional

Esta institucionalización de la mejora personal y educacional como he dicho anteriormente se estimula através de la meritocracia, entre otras alternativas; lo cual repercute en una mejora del desempeño del individuo en el ámbito profesional, familiar y social.

En el subcapítulo 2.12 del tomo I, se comenta, que el valor de la "Humildad" fue catalogado en el penúltimo puesto en la encuesta hecha en el 2011 por gremio de psicólogos positivos a 10000 ciudadanos en el país. Esto es lastimoso para el país; ya que la humildad es la actitud que nos incentiva en aprender y con ello tomar el primer gran paso hacia la luz fuera de la ignorancia.

14° Principio Tomar acción de seguimiento para lograr la transformación

Cultivar el hábito de trabajo metódico,llevar plan de acción, registrarlo y hacerle seguimiento hasta cerrarse los puntos pendientes. En nuestra cultura está muy poco arraigado el hábito de hacer seguimiento a las acciones pendientes en las que intervienen varios entes o personas. Es necesario cultivar esto (verificar las acciones acordadas como sus resultados).

1.1.5.3 Propuestas de mejora del Sistema de Gestión de Salud Nacional (P)

Una de las prioridades de la gestión pública es el servicio de la salud, aplicando la anterior metodología o ciclo (PHCA) en el sistema de **gestión de la salud nacional**, inicia con **la Planificación**, (Ver fig. 1.2), adicionalmente, podría sugerir la aplicación de la norma ISO 26000 dirigida al ámbito de la salud, la cual incluye la definición de los objetivos estratégicos y sus indicadores; asignar los recursos, conformar los equipos de trabajo para lograr los resultados, identificar los procesos, y establecer planes de acción.

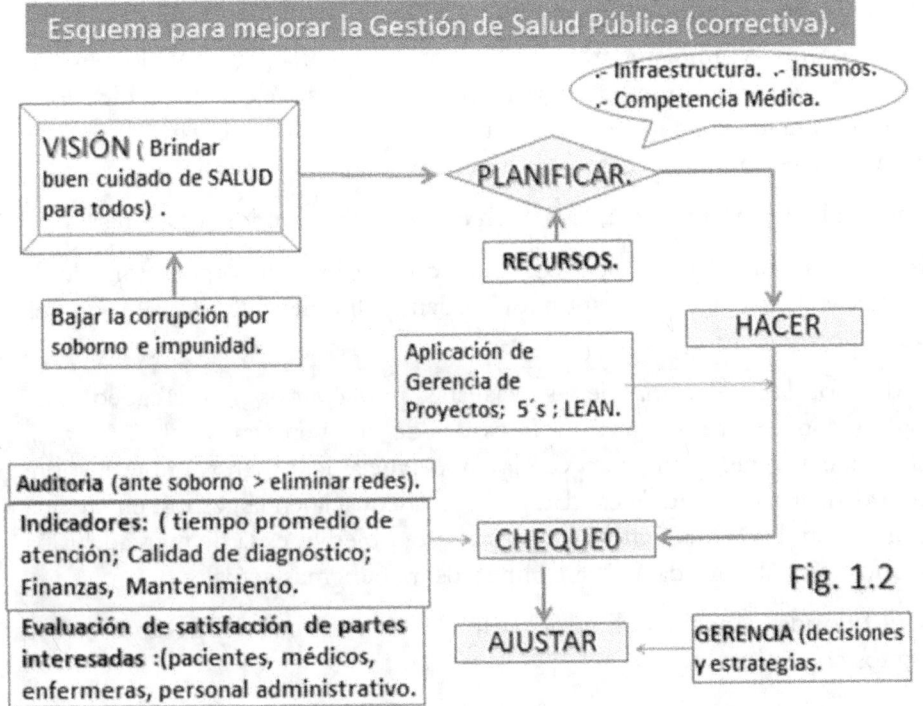

Fig. 1.2

Siguiendo con el modelo de la figura 1.2, en el que **el Hacer** está basado en técnicas como gerencia de proyectos, 5's (técnica japonesa de orden y limpieza), métodos que invito a consultar en buscador de Internet.

La actitud de orden y limpieza es vital para lograr una buena **gestión de salud preventiva** (menos costosa) y más beneficiosa que la correctiva. Esta actitud incentiva a la persona a mejorar su hábitat en relación con la higiene, recomiendo para ello aplicar la herramienta de las 5's, que significa lo siguiente:

JAPONÉS	CASTELLANO
Seiri	Clasificación y Descarte
Seiton	Organización
Seiso	Limpieza
Seiketsu	Higiene y Visualización
Shitsuke	Disciplina y Compromiso

Este conocimiento de Sistema de Gestión de Orden y Limpieza (SGOL) recomiendo aplicarlo a las comunidades, con el apoyo de la junta comunal respectiva, a través de su comité de salud y familia.

Para lograr la implementación de este esquema de trabajo en las comunidades apliqué la metodología AMEF (*1.1). Este ejercicio lo hice solo; su validez aumenta cuando se aplica con personas que representan a las partes interesadas tales como los vecinos, la junta comunal y el gobierno

Los resultados de aplicar el AMEF en este ejercicio son los siguientes:

1era Prioridad: Pedir a los consejos comunales incorporación de la aplicación del sistema de gestión de orden y limpieza (SGOyL) en los proyectos comunitarios.

2nd Prioridad: Asesoría de especialistas publicitarios / mercadeo para divulgar y convencer a las partes interesadas de los beneficios del (SGOyL). Esto es vital, porque muchos no ven la importancia del orden y limpieza sobre la seguridad, la salubridad, la calidad de vida, la eficacia en la gestión en su vida personal y familiar. Una táctica para lograr este objetivo es la de mercadear los beneficios que esto brindará y así romper los paradigmas actuales.

3era Prioridad: Incluir indicador de medición y avance del SGOyL en los proyectos comunitarios.

4ta Prioridad: Asesorarse y aplicar la metodología de la empresa Dupont sobre SGOyL.

Otro factor importante a considerar en la gestión preventiva de la salud es la nutrición; por ello sugiero mejorar el hábito de comer minimizando el uso de la comida chatarra y carbohidratos en exceso que suben los niveles de colesterol, triglicéridos y glicemia (dañinos para la salud). Así pues la nutrición es otro factor fundamental para el bienestar del individuo.

Así mismo se debe evitar la mala nutrición en los niños, es por ello que se debe proveer asistencia de calidad en control pre-natal y en la infancia temprana para asegurar ciudadanos sanos y capaces; ya que niños mal nutridos son propensos a tener bajo desarrollo del cerebro. Los médicos recomiendan que la madre tome ácido fólico, hierro y a la vez mostrar amor al hijo durante el embarazo, yo incluiría escuchar música barroca con el fin de asegurar hijos sanos y con agilidad mental.

Por otro lado, para lograr que proceso fluya con menos despilfarro y de esta manera se haga más eficaz, se aplica una metodología poderosa llamada "LEAN" que traducido del inglés significa "magro", esta consiste en acortar las actividades de los procesos en este caso de la gestión de salud pública actividades que no agreguen valor (ante los ojos de los pacientes) es decir reducir el despilfarro, de esta forma la atención y tratamiento al paciente se hace más eficaz.

Esta metodología "Lean" la podemos usar en cualquier caso donde haya colas extensas de personas esperando ser atendidas; también en conjunción con esta metodología, se usa otra teoría llamada "Teoría de las restricciones" en ingles "Theory of restrictions" inventada por E. Goldratt. Quién esté interesado en esto, puede indagar por Internet al respecto.

Luego de la ejecución de las estrategias viene el Chequeo; considerando las mediciones de los indicadores estratégicos dados en la planificación, como por ejemplo, el tiempo promedio de atención al paciente, la calidad de diagnóstico del médico, las finanzas y el mantenimiento de infraestructura como también determinar el índice de satisfacción de los pacientes, por ejemplo, vía encuestas.

Por último la gerencia al no lograr los resultados esperados es responsable de iniciar nuevas estrategias, es decir ajustar el plan de acción o estrategias, con el fin de lograr los resultados esperados.

Este ciclo se termina cuando las partes interesadas tales como los pacientes, médicos, enfermeras,dueños de clínicas, familiares en sus respectivos "feedback", registran satisfacción de la gestión, comenzando de nuevo el ciclo de la mejora continua hacia otros niveles superiores de gestión.

En figural 1.3, se ilustra el lienzo de modelo de negocio para un Hospital de la India que ofrece un excelente serviciocardiovascular (propuesta de valor) tanto a ricos como a pobres y usa un modelo económico privado (proveedores clave) con apoyo del gobierno bajo la premisa ganar / ganar de manera autosostenible como también sirviendo de centro de adiestramiento para jóvenes profesionales de la salud.

Lienzo del Modelo de Negocio. **HOSPITAL PARA GENTE POBRE EN LA INDIA. 2012**

Proveedores claves.	Actividades claves.	Propuesta de Valor.	Relación con Cliente.	Segmento de Cliente
.- Air India. .,. Infosys. .- Andrhra Bank .- ISRO .-Kudremukh Iron Ore	.- Tratamiento médico altamente asequible. .- Educación. - Entrenamiento. .- Investigación. **Recursos claves.** .- Gente – Cirujanos – Doctores – y empleados del hospital. .- Infraestructura.	Bajo costos. -Alta calidad de cuidado especiales para la gente pobre de la India. (Mediante el apoyo de empresas de economía de escala y también tratando a los pudientes también). De esta manera el Hospital subsidia los costos de la gente pobre.	.- Personal que asiste con DEDICACIÓN. **Canales.** .- Alcance a través de ONG's.	Gente de bajo recursos con problemas de Corazón.

Estructura de Costos.	Fuente de Ganancias.
.- Costos fijos = Terreno - Infraestructura – Equipos del Hospital. .- Costos variables = Salarios – Equipos Técnicos – Mercadeo.	.- Pacientes pagan por servicios médicos. Los costos para los de bajo ingreso es altamente subsidiado.. .- Investigación y Educación. **Fig. 1.3**

1.1.5.4 Estrategias para mejorar la Gestión Pública (P)

Para disminuir la corrupción en la gestión pública, sugiero considerar las siguientes estrategias,en conjunto a las señaladas en el subcapítulo 1.2.3.1:

a) Implementar como política pública la gestión de auditorías (externas e independientes) para identificar casos de corrupción y que estossean sancionados. Por el contrario, a las buenas prácticas (éticas) darles reconocimiento.

b) Diseñar sistema de alerta ante la existencia de la corrupción en la gestión de la salud pública.

c) Detectar posibles áreas susceptibles al soborno y tomar acciones para minimizar estas posibilidades.

d) Preparar plan de emergencia ante eventualidad de corrupción.

e) Cambiar sistema de transacción de recursos y de poder(bfs) para dificultar el soborno.

f) Hacer que los procesos sean transparentes y auditables; con el enfoque de pared de cristal (gestión con transparencia), brindando así confianza a los empleados.

Tomar estrategias para evitar el nepotismo y substituirlo por la meritocracia, seleccionando adecuadamente al personal, emular, por ejemplo, la forma como el Rotary Club selecciona a sus nuevos miembros, quienes deben compartir la misma visión, misión y valores de dicha organización. El nuevo miembro a entrar en la institución debe tener su familia bien conformada.esto previamente avalado por visita formal a su familia con el fin de evidenciar sus creencias, actitudes y moral.

La presidencia del club rota anualmente, así que aplicando este procedimiento en las instituciones públicas, los altos cargos deben de rotar anualmente entre los miembros del equipo de trabajo respectivo, disminuyendo así la vulnerabilidada la corrupción..

Incluir en las misiones de las instituciones públicas "el actuar con integridad" para así rechazar o disminuir la posible manipulación de los políticos en la gestión pública.

Preparar auditorías con personas independientes, éticas y competentes para asegurar un diagnóstico real del sistema, con el fin de que la alta gerencia tome acciones correctivas para robustecer el sistema institucional ante la posible infiltración de la política en la gestión.

Promulgar el hábito de la investigación científica en búsqueda de la verdad con objetividad dentro de un clima de libertad, minimizando los prejuicios para así dar soluciones eficaces a los problemas.

Una manera de impulsar lo anterior es ir hacia un mercado liberal retador para nuestra forma de pensar y que no dependa solo del petróleo, sino de producción nacional para obtener divisas, bajo el manto de la libertad y la integridad. Para lograr este comportamiento ético, lo invito a leer el subcapítulo 2.13.1 del tomo I que propone conceptos para lograrlo, incluyendo el buen discernimiento de que ambos son claves para el desarrollo del país. De allí saldrán líderes de alto calibre y nivel de conciencia que comiencen a transformar la gestión de las instituciones públicas como privadas hacia la eficacia, la imparcialidad y la transparencia.

Demandar y condenar a los políticos (desviados y malhechores) manteniendo como norte el afán de buscar la verdad y aplicar la justicia, mostrando evidencias objetivas en dichas denuncias , ante una autoridad independiente de la influencia política. Esta autoridad sería definida por consenso por las partes interesadas.

Se debe considerar la tecnología de la información como un importante soporte en la agilización de la gestión pública. Un ejemplo de ello es el caso del INTT (Instituto Nacional de Transporte Terrestre), el cual tiene su plataforma digitalizada y agiliza los trámites de reservación y gestión de certificados de origen de vehículos, licencias, entre otros, de manera más ordenada y sin gestores. Con ello, se reducen los tiempos y la dependencia en la discrecionalidad del funcionario/a (potencial corrupción).

Finalmente, en el marco de la libertad y de la cooperación entre la gestión privada y la pública se lograrán implementar las premisas mencionadas anteriormente. Para ilustrarlo con un ejemplo práctico, propongo instalar un modelo de negocio innovador para construir viviendas dignas para los pobres.

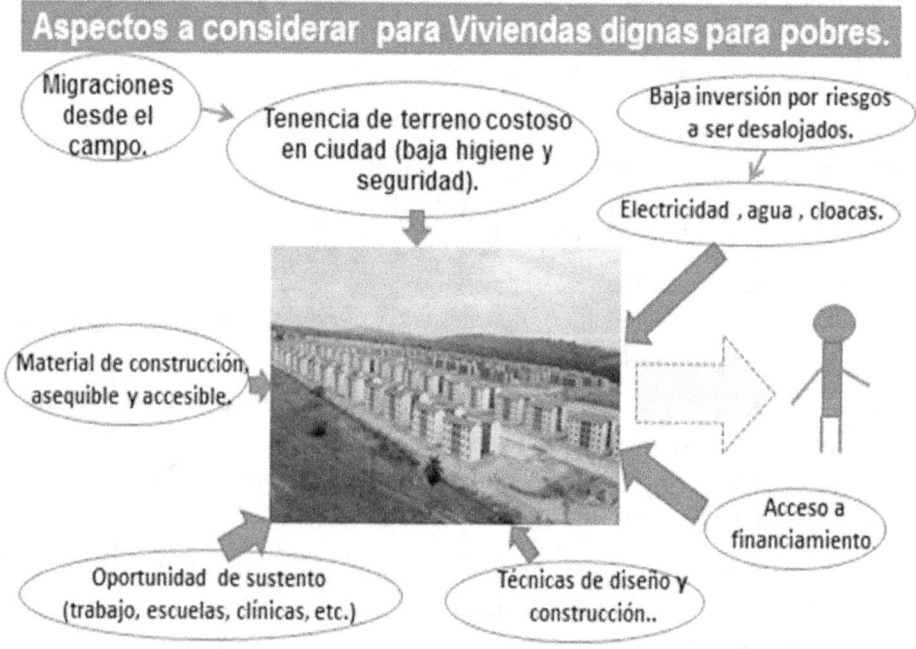

Aspectos a considerar para Viviendas dignas para pobres.

Migraciones desde el campo.

Tenencia de terreno costoso en ciudad (baja higiene y seguridad).

Baja inversión por riesgos a ser desalojados.

Electricidad , agua , cloacas.

Material de construcción, asequible y accesible.

Acceso a financiamiento.

Oportunidad de sustento (trabajo, escuelas, clínicas, etc.)

Técnicas de diseño y construcción..

Fig. 1.4

Como se puede apreciar en la figura 1.4 los proyectos deben conjugar varias condiciones como son la tenencia de la tierra, financiamiento, la oportunidad de sustento de la persona, acceso y asequibilidad a materiales de construcción, diseño (bueno, bonito y barato), entre otras cosas.

En la figura 1.5 se muestra esquema innovador para lograr financiar, planificar, gerenciar proyectos de construcción de viviendas dignas para los pobres, considerando la preparación de estas para que se responsabilicen de sus casas y busquen fuentes de ingresos más estables para el pago de los servicios (posiblemente con subsidio del gobierno).

Enfoque Innovador para que el pobre adquiera Vivienda digna.

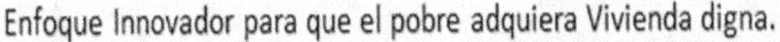

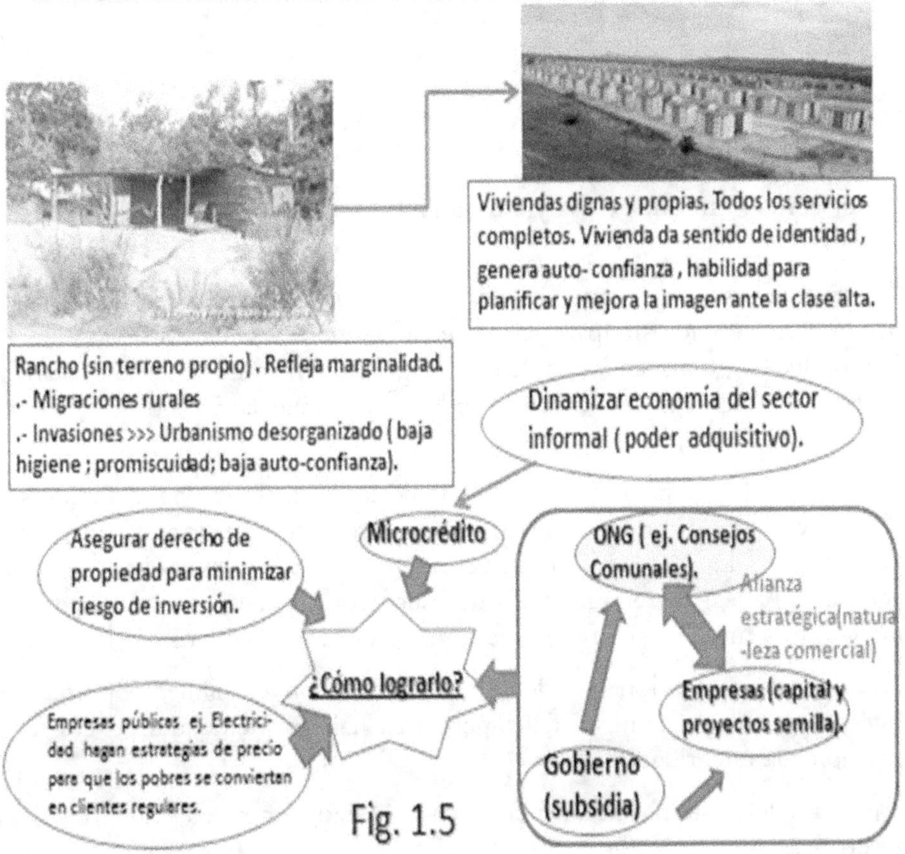

Viviendas dignas y propias. Todos los servicios completos. Vivienda da sentido de identidad, genera auto-confianza, habilidad para planificar y mejora la imagen ante la clase alta.

Rancho (sin terreno propio). Refleja marginalidad.
.- Migraciones rurales
.- Invasiones >>> Urbanismo desorganizado (baja higiene ; promiscuidad; baja auto-confianza).

Dinamizar economía del sector informal (poder adquisitivo).

Asegurar derecho de propiedad para minimizar riesgo de inversión.

Microcrédito

ONG (ej. Consejos Comunales).

Alianza estratégica(natura-leza comercial)

¿Cómo lograrlo?

Empresas públicas ej. Electricidad hagan estrategias de precio para que los pobres se conviertan en clientes regulares.

Empresas (capital y proyectos semilla).

Gobierno (subsidia)

Fig. 1.5

Para lograr esta misión, se debe dinamizar la economía del sector informal y así las personas puedan mejorar su poder adquisitivo y tener acceso a créditos. Además se debe asegurar el derecho de propiedad para minimizar riesgo en la inversión, ya que esto comprometerá a los dueños a pagar.de invasión. La manera de lograrlo sería conformando un triunvirato (gobierno – organismo no gubernamental (ONG) – empresa privada). Para lo anterior, los representantes del gobierno deben estar convencidos y tener como uno de los objetivos estratégicos trabajar en cooperación con las empresas privadas.

Las empresas privadas tienen las ganas y el conocimiento; por otro lado, el gobierno y los consejos comunales requerirán de convicción y preparación para asumir este gran reto.

La ONG por ejemplo, hoy en día, los consejos comunalesdeben tener las debidas competencias para gerenciar y diseñar el modelo de negocios con las empresas privadas (donde haya alianza estratégica dentro de un marco comercial), es decir con enfoque de ganancias para todas las partes interesadas, por ejemplo con el enfoque de ley de oferta – demanda en un marco de mercado libre.

1.2 Sistema de Gestión de Justicia

1.2.1 Aspectos generales de la Justicia (E)

La justicia es juzgar una disputa entre dos partes con objetividad respetando la verdad, sin prejuicios; reconociendo a cada parte lo que le corresponde o las consecuencias de su comportamiento. El actuar con justicia es análogo a comportarse con ecuanimidad para tomar la decisión de manera objetiva y equilibrada.

En el capítulo de Exodo-Itro (XVIII) de la Tora (biblia hebrea), Moisés resolvía todos las disputas de la tribu de Israel con justicia, previamente consultándole a Dios. Esto le tomaba mucho tiempo; es por ello que Jetró (suegro de Moisés) le recomienda que escogiera a personas que decidieran sobre los casos menores, con el fin de aliviarlo de esa carga diaria de trabajo.

Las personas seleccionadas deberían cumplir con el siguiente perfil: ser capaces, honestos y enemigos del dinero mal habido, demostrando con ello convicción a la integridad.

¡Muchos del sistema de justicia han estado muy alejados de estas características!

¿Será por ello que no hemos evolucionado como sociedad, por lo tanto no se ha logrado la calidad de vida deseada?

De acuerdo al fillósofo Jhon Rawls " la justicia es la primera virtud de las instituciones sociales; así como la verdad lo es para los sistemas de pensamiento". Esto requiere de personas íntegras con poder de discernimiento y competencias para el cargo.

Según Hans Kelsen "la justicia es aquella en cuya protección puede florecer la ciencia, la verdad y la sinceridad. Es la justicia de la libertad, la justicia de la paz, la justicia de la democracia, la justicia de la tolerancia". ¿Qué tan lejos estamos actualmente en Venezuela de esto?

En el mundo la justicia, según la figura 1.6 abajo, se representa como una dama con ojos vendados, con una balanza en una mano y una espada en la otra.

Fig. 1.6

Lo que interpreto de esto es que el sistema de justicia es representado por una dama que se venda sus ojos para actuar con imparcialidad, demostrado esto en una balanza equilibrada en su mano derecha. En la otra mano, lleva una espada que considero que representa las fuerzas e instituciones del orden público para que se hagan cumplir las decisiones de los juicios.

La aplicación de la equidad sería basada en el sentido común., De acuerdo con Albert Einstein es una colección de <u>prejuicios</u>, adquiridos hasta la edad de los 18 años es decir sus creencias y moral influencidos por su crianza y el sistema educativo.

¡El problema no es de leyes, sino de hombres!

En la colonia nació un aforismo social que decía "respeto las leyes pero no las acato", la razón es que las leyes eran hechas en Madrid y estas no tomaban en consideración el criterio ni el contexto de las colonias, por lo que se imponían sin consenso. Por lo tanto, los de la colonia actuaban de cierta forma anárquicamente según el aforismo de arriba.

Esta costumbre se ha mantenido hasta nuestros días, por lo que se sigue haciendo leyes y reglamentos por quienes mandan, sin previo consenso de las partes interesadas, imponiéndolos a toda la sociedad,creando insatisfacción, frustración y posterior anarquía con muchos de la población

Han pasado más de 400 años desde la colonia, y el despotismo (actuar por encima de la ley con impunidad) aún se observa en el país.

El fallecido presidente Chávez, se le había asignado poderes especiales y actuó como un déspota benevolente (quitándole a uno y entregándoselo al otro), usando el mecanismo de expropiación, actuando con poca transparencia bajo la tutela y guión del fidelismo – cubano.

Hoy en día se ve con claridad la imposición de leyes y reglamentos (marxistas) del actual gobierno sin tener en cuenta ni respetar la opinión de la oposición.

Una cosa es cumplir con la ley es decir la legalidad y la otra es cumplir con la justicia como se dijo anteriormente, "tenemos un sistema de legalidad pero no de justicia"

Nuestro sistema socio - político lo asemejo a un juego de "truco" , en el cual las mentiras son válidas y puede ganarse así; ¿cuántas mentiras nuestros líderes sociales han dicho a la luz públicaque se han evidenciado y aún así estos no han sido sancionados?

Para darles un ejemplo de lo anterior, el referendum que se hizo para cambiar la constitución de azul (democrática- social) a roja (socialista-comunista) fue categóricamente rechazada por el pueblo en su momento. Sin embargo, el expresidente Chávez impuso leyes y reglamentos rojos (socialistas / comunistas) a la sociedad mediante leyes habilitantes (mecanismo astuto) para obtener poder absoluto y así lograr sus antojos. Este acto infame demostró que no se respetó la decisión del pueblo, es por ello que, entre otras cosas, estese comporta de manera anárquica, como una formade protestar ante la injusticia.

Considero que existe una excesiva cantidad de leyes, muchas de las cuales protegen indirectamente al deshonesto. Un ejemplo de esto es el hecho de que algunos delitos, como el robo al erario público, prescribe o caduca en un cierto tiempo. Tal fue el caso de Vinicio Carrera, quien durante el primer gobierno de Rafael Caldera cometió fraude ante el Estado y huyó a Suiza llevándose millones de dólares. Allí vivió varios años junto a su familia. Cuando volvió al país afirmó que su delito había caducado y que por tanto ya no tendría sanción. ¿Esto es justicia? ¿Tiene algún sentido? Esto es otra demostración de tener un sistema legal pero no de justicia.

En países del primer mundo pueden pasar generaciones y el delito o crimen puede ser reevaluado para identificar el verdadero culpable y sancionarlo.

A continuación haré un análisis comparativo de los sistemas de gestión de justicia entre países aplicados por dos organizaciones mundiales, el primero denominado Organización para la Cooperación y Desarrollo Económico (OCDE) según (*1.3) y el segundo por la Comisión Europea para la Eficiencia de la Justicia (CEPEJ)

Comenzando con el primero, según la OCDE el buen funcionamiento del sistema judicial mercantil se mide con el cumplimiento razonable del tiempo de los juicios, la independencia y la equidad de las adjudicaciones; como también el alto nivel de predicción (según lo esperado por la lógica y ética) que tengan las decisiones de los tribunales. Finalmente la facilidad que tengan los ciudadanos de acceder a dicho sistema.

Con relación a los costos para el acceso al sistema judicial mercantil, tales como honorarios del tribunal / juicio, del experto y de los abogados, son pagados por los litigantes.

La demanda para los servicios judiciales dependen de :

- Los costos de acceso al servicio y regla para asignarlos entre las partes (honorarios y cambios de reglas).

- Los honorarios de abogados por regulación

- La difusión de los mecanismos alternativos de la resolución de disputas.

- El grado de certeza de la ley.

Otro importante hallazgo e que el sistema de justicia mercantil se determinaba como más equitativo y efectivo si el "índice de litigios" era bajo. Este índice es el número de nuevos casos civiles de cada año dividido entre la población o GDP de ese país.

Por ejemplo, Finlandia tuvo 0,3; mientras que Grecia 4 y Rusia 10 (estos últimos países son marxistas y con alto nivel de corrupción). De acuerdo al criterio anterior Finlandia tiene mucho mejor sistema de gestión de tribunales mercantiles que los otros países mencionados, observen a Rusia.

En casi todos los países europeos, las partes en litigio deben pagar los impuestos de los tribunales u honorarios para iniciar los casos, a excepción de los procedimientos criminales.

Los costos de los procesos judiciales no solamente consisten en los costos de la representación legal, los asesores legales, los honorarios o impuestos de la corte, también puede estar incluido el que debe pagar la parte perdedora.

1.2.2 La Inequidad e Impunidad (E)

La inequidad significa desigualdad o falta de equidad. Es un término utilizado especialmente en Latinoamérica y se asocia a una situación de desigualdad por ejemplo de desigualdad de trato en clases sociales que genera injusticia; mientras que la impunidad es definida como la falta de castigo.

Indicaré algunos ejemplos, dados por el abogado penalista (Alberto Sánchez) del libro *Armando rompe cabezas de un país* en (*P.1) el que se indica que ni siquiera el 3% de los delitos contra derechos humanos llegan a un juez. De ese 3% ni el 4% de esto llega a una condena firme.

En resumidas cuentas, el 0,12% del total de delitos contra derechos humanos se cierra, esto equivale a 1 caso cerrado cada 1000; lo que faltaría preguntar es el lapso de tiempo que toman estos.

Un ejemplo en Venezuela ocurrió en 2012 cuando el presidente de la Asamblea Nacional negó una sesión especial para investigar la tragedia humana, ambiental y técnica de la refinería Amuay; por lo que no hubo sanción. Ese mismo año la fiscalía se negó a investigar las denuncias del ex magistrado del Tribunal Supremo de Justicia, Aponte Aponte, sobre la manipulación del TSJ por parte del partido de gobierno, PSUV.

En la figura 1.7, se muestra un diagrama sencillo de los efectos delictivos, tales como la corrupción, la delincuencia, la violencia y el narco tráfico, debido a la inequidad e impunidad, ambas hijas del mal funcionamiento del sistema de gestión de justicia.

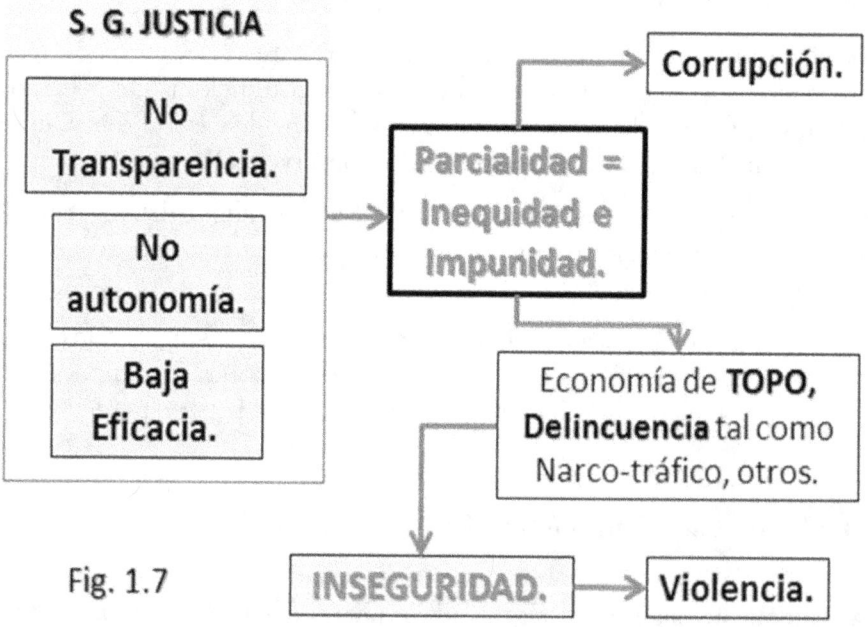

Fig. 1.7

Como se indica, la gestión parcializada del sistema de gestión de justicia que conlleva a la inequidad y a la impunidad se deben primordialmente a la baja autonomía, eficacia y transparencia de dicho sistema de gestión. Un efecto colateral, es que las víctimas, como los testigos, se sienten desprotegidos por el sistema de justicia.

Otro grave resultado de las debilidades del sistema de gestión de justicia es que ha permitido el desarrollo de una economía alterna y subterranea a la economía digna, la cual la he denominado **"Topo"**. Esta incluye las redes de delincuencia tales como el narcotráfico, corrrupción, secuestro, robo en las cuales están involucrados miembros del sector público cívico-militar inclusive algunos de ellos conectados con redes internacionales de delincuencia. Esta economía ha incrementado la inseguridad personal y jurídica manifestado en homicidios y violencia que lamentablemente, nos ha colocado como uno de los países más violentos del mundo.

Por otro lado, , cuando un caso es objeto de impunidad, su gravedad se multiplica por 4:

1.- Familia afectada se queda con anhelo de que se haga justicia, por ejemplo, en caso de homicidio.

2.- El criminal no escarmentará y reincidirá.

3.- Quienes están pensando en cometer algún crimen, entenderán que pueden hacerlo, sin sufrir algún castigo.

4.- Crear temor en el pueblo tomando este una actitud pasiva ante la delincuencia; ya que se siente desprotegido ante el hampa.

Así pues la impunidad eleva exponencialmente el índice de la delincuencia manifestada en diferentes formas como la corrupción, el narcotráfico, los homicidios, el secuestro express, los fraudes y la violencia, estos conforman la economía que denomino **Topo**. .

Se demuestra con cifras que la fiscalía manera entre 2000 y 3000 expedientes. En ocasiones, ppor el alto número de casos se tiende al diferimiento, en ruta hacia los tribunales. Esto sucede hasta que finalmente llega a la audiencia preliminar (puerta del juicio), cuando termina la etapa de investigación y aún así, en muchas ocasiones, el juez tiene hasta 4 audiencias a la vez que no puede atender, y se difieren de nuevo muchos de estos casos.

Lo anterior podría durar 2 meses pero puede llegar hasta 5 años. Todo esto genera exceso de reclusos en la penitenciaria. Por ejemplo, en el año 2000, luego de aplicarse la ley del COPP, se dio libertad a casi 10.000 reclusos para reducir el excesivo hacinamiento en las prisiones.

Lo que dice la gente ante estas atrocidades "es que está muy mal hecho, pero se hace". Interpreto de esta respuesta que están en desacuerdo pero se sienten impotentes para mejorar la situación.

1.2.3 La Delincuencia como efecto de la Inequidad y de la Impunidad (E)

La inequidad, a decir parcialidad o amiguismo unido a la impunidad han generado un alto crecimiento de la delincuencia, convirtiéndonos en uno de los países con mayor homicidios, corrupción, narcotráfico y violencia del mundo.

Tristemente este cultivo de delincuencia ha generado modelos de negocios subterráneos a la economía formal, la cual la denomino economía de **"TOPO"**; en la cual funcionarios públicos cívico- militar están inmersos en ese mundo con modelos de negocios delictivos que no agregan valor a la sociedad; por el contrario dañan la integridad física y moral de la población del país.

Una manifestación de la economía de topo son las prebendas que los líderes de los presos (Pranes)se les da trato especial tal como llevarles mujeres, coordinar fiestas dentro de la carcel inclusive tener acceso a información de la ciudadanía para llamar a personas y extorsionarlas vía telefónica desde su celda. ¡Que les parece esta gran inmoralidad!

Todo lo anterior da origen a la inseguridad jurídica y personal que la sociedad ha venido clamando al gobierno nacional para que tome acciones correctivas, sin haberlo logrado hasta la fecha, más bien se ha empeorado la situación en los últimos años.

A continuación indicaré algunas cifras y hechos que evidencian lo anterior: en el año 2011 se registraron 16000 homicidios, esto es equivalente a 1333 muertos /mes (parece que viviéramos en una guerra interna); mientras que en el 2014 según la encuestadora Gallup, Venezuela fue considerada como el país más violento del mundo con 25000 homicidios por año; el más alto índice de homicidios en las Américas según referencia (*1.4) con (48 homicidos / 100000 habitantes) mientras que México como referencia tiene (22 homicidios / 100000 habitantes)

En lo jurídico la expropiación de bienes privados tomados por el gobierno con doctrina marxista, por ejemplo, expropiando fincas prósperas de ganado vacuno, sin compensar justamente a sus dueños y luego de varios años de haber sido tomadas por el gobierno, están casi abandonadas y subsidiadas.

En el país se evidencian muchos casos de injusticias. Hay paramilitares como los Tupacmaros que han matado estudiantes que protestan contra el gobierno por la grave situación política, social y económica del país en el 2014. Tristemente, la fiscalía no ha puesto denuncia alguna contra de ellos , actuando con impunidad.

¿Cómo usted se sentiría como padre o madre de esos jóvenes inocentes y decentes muertos cuando estaban ejerciciendo su derecho a protesta pacífica?

Esto lo que genera es rabia y frustración, motivos emocionales suficientes para arder en violencia.

A continuación indicaré los tipos de delincuencia más comunes en el país.

1.2.3.1 La Corrupción (E)

La corrupción comienza con el soborno, el cual lo podemos definir como el delito en el que una autoridad o funcionario público solicita o acepta dádiva o regalo a cambio de realizar u omitir un acto inherente a su cargo, también se puede definir como el uso de las cosas públicas para el beneficio personal.

El soborno puede tomar varias formas, por ejemplo, soborno de oficiales públicos, conflicto de intereses, fraude, lavado de dinero, tráfico de influencia e inclusive sicariato

Según proverbio de Solomón: "Soborno es aceptar regalos para cegar los ojos".

Esto origina el efecto de reciprocidad, el cual la persona trata de retornar el favor, para no sentirse incómoda o comprometida con el otro.

La corrupción es una perversión de la moral ciudadana y usa como instrumento el soborno. Podríamos compararlo como una escena de robo, ya que de alguna forma los resultados de dicho acto perjudican a los demás. El soborno es originado, entre otras cosas, por el bajo poder adquisitivo y el bajo nivel de conciencia de muchos funcionarios públicos.

Para ilustrarlo con un ejemplo, los oficiales rusos consideran de manera natural el soborno como una "comisión", esto es una sombría pero moralmente justificada forma de aumentar sus bajos ingresos.

Así pues el soborno lo ven como si fuese un regalo al que le sacan provecho a través de las redes de influencia con sus colegas en el gobierno. Por ejemplo, "la comisión" para agilizar alguna transacción administrativa. ¿Usted cree que algo de esto está ocurriendo en el país?

También el soborno como acto delictivo es estimulado y proliferado por actitudes tales como el facilismo y la "viveza criolla" que la identifico como "astucia deshonesta" arraigados en nuestra sociedad. Aunado a esto, el soborno se facilita aún más debido a la falta de independencia de los poderes públicos, incluyendo al sistema de gestión de justicia por lo cual estos no son imparciales.

Así mismo se ha observado gran cantidad de fraudes tanto a empresas como a personas, pero dada la ineficacia del sistema de gestión de justicia, muchas de las víctimas han quedado sin recuperar sus bienes y en otros casos tienen que esperar largos, tediosos y costosos procesos de tribunales.

En ese orden de ideas, a inicios de 2014, el gobierno declaró una pérdida cuantiosa de dólares (más de 15mil millones de dólares) que salieron de CADIVI y hasta la fecha no se ha informado el verdadero destino de ese dinero, ni los culpables ni las sanciones impuestas.

Por otro lado, se conocen de altos funcionarios públicos en los ámbitos cívico- militar que a través de terceros (testaferros) se apropian de gran cantidad de dinero y bienes del Estado (malversación) para su uso personal, muchos de ellos transfieren las divisas robadas a cuentas personales en EUA y así comprar bienes personales allá, sin ser sancionados en Venezuela.

Es irónico que la Asamblea Nacional en el año 2014, le otorgó poderes especiales al presidente para atacar la corrupción y precisamente se observó gran cantidad de hechos de corrupción gubernamental con impunidad. Parece no haber verdadera disposición de atacar la corrupción.

De lo anterior podemos decir que a los izquierdistas también les gusta el capital.

Esto va contrario a la doctrina marxista que ataca tanto al capitalismo como al egoísmo personal, pero ambos, considerados "pecados", prevalecen en los líderes actuales marxistas.

Hay dos aspectos de la corrupción:

.- El Activo (el que ofrece el soborno)

.- El Pasivo (el que acepta el soborno).

Si el corrupto tiene premios (sin sanciones) lo incitarán a continuar con eso:

a) Recompensas pecuniarias (ganancias individuales). A pesar de que los marxistas dicen estar en contra del egoísmo privado individual, al final todos ellos caen por igual en esto.

b) Aprobación en el subconsciente social debido a la frecuente divulgación de actos de corrupción o con impunidad en la sociedad.

Es por ello que muchos se han vuelto apáticos ante las denuncias de actos de corrupción, ya que sienten que no tienen poder alguno para contrarrestarlos, considerando también que no tienen respaldo de las instituciones públicas para que estas actúen con justicia.

Considero que el soborno se da como respuesta ante la necesidad de gestionar con rapidez alguna transacción pública; ya que normalmente, las instituciones públicas son lentas, engorrosas e ineficaces (exceso de controles que no brindan valor agregado) y en esas circunstancias el funcionario público puede actuar a discreción, abriendose así las puertas a la corrupción.

La corrupción tiene larga historia en el país, por ejemplo, el general Marcos Pérez Jiménez gobernó a inicios de 1950, él dividió a la corrupción en 3 tipos (según la mordida del funcionario público):

1.- La picada de mosquito (funcionarios público de bajo rango)

Una expresión actual de este acto de soborno es la frase: "Dame pal' fresco"

2.- La mordida de perro (funcionarios públicos de cierto rango)

El monto es de miles de bolívares, por ejemplo, las licorerías no tenían precios regulados, por lo que pagaban comisiones, es decir sobornos a funcionarios de Cadivi o Sitme para adquirir dichos dólares para su importación en el año 2012.

3.- Desgarramiento de cocodrilo (alto rango en el gobierno)

Estos asignan terratenientes para adquirir posesiones o dinero en montos mayores de 10.000 bolívares. Por ejemplo, en Fondem (2012) se había traspasado 70.000 millones de dólares y lo que se reporta son solo 20.000 millones.

Considero que parte de esos 50.000 millones faltantes fueron desviados para actos populistas y de otra índole, previas a las elecciones presidenciales del año 2012, con el fin de sobornar y asegurar la re-elección del presidente de ese momento.

Con el dinero que ha entrado al país en los últimos 14 años hubiéramos podido reconstruir a Europa más de 10 veces; tomando como referencia el dinero usado en el Plan Marshall luego de la II Guerra Mundial.

Para empeorar la situación, considero que tanto la corrupción como la ineficacia de las instituciones del Estado desangran más de 45% del presupuesto anual del país. Adicionalmente, viola los derechos humanos, erosiona los procesos políticos, deteriora el medio ambiente, distorsiona la competencia e impide la redistribución de las riquezas y crecimiento económico nacional

La corrupción es una de las principales causas de la "Inequidad social" en Latinoamérica, ya que trunca la circulación natural del flujo de dinero en el sistema financiero evitando que los recursos puedan circular a tiempo y en cantidad a los sectores requeridos.

1.2.3.1.1 Causas de la Corrupción (C)

La corrupción tiene como tierra fértil de crecimiento los gobiernos con poder centralizado muchos de los cuales llegan a convertirse en despóticos y autoritarios; y en los que las instituciones públicas son atadas de mano.

Para demostrar lo antes dicho, según trabajo hecho por los sociólogos W. Sandholtz & R. Taagepera (ver *1.5), se demostró que los países comunistas y ex comunistas crearon incentivos estructurales en sus sociedades para comprometer a sus ciudadanos a convivir con la corrupción, elaborando prácticas y normas sociales para que prevalezca esta actitud de corrupción, en las sociedades comunistas.

Las transiciones de estos países hacia la democracia y economías de mercado no han podido aún eliminar esta cultura de la corrupción.

En la figura 1.8 trato de explicar las razones estratégicas por las cuales los países comunistas inducen de manera estructural a sus ciudadanos a convivir con una cultura de corrupción.

Fig. 1.8

Las estrategias que usa el gobierno para incrementar la corrupción indicada en la figura con la letra A, obligan a la mayoría de los ciudadanos a tener bajo nivel de calidad de vida, a esto yo lo llamo sub-vivir, para que las personas se dejen llevar más por las emociones e instinto animal (1er nivel de consciencia) que por el raciocinio. A título de ejemplo, haciendo colas para la harina pan y que las mujeres se peleen unas con otras, en disputa de la poca cantidad de harina pan disponible.

La premisa básica para lograr esta estrategia es destruir la producción nacional con el fin de que haya pocos empleos dignos, menor nivel de consciencia y con ello más "sub-vivencia". Adicionalmente, se colocan personas incompetentes intencionalmente en los cargos públicos para que estos aceleren dicho proceso de deterioro moral y económico, actuando descaradamente a la luz pública de manera corrupta e impune, como una mafia. De tal forma de usar los antivalores como la mentira, la trampa y la irresponsabilidad para mantenerse en el poder con impunidad a toda costa y así disfrutar privadamente de las prebendas que brinda el poder; ya que las instituciones públicas están tomadas y amordazadas por miembros adeptos al gobierno (marxismo) y asesorados por la inteligencia cubana (G-2).

La estrategia indicada con la letra (C) de la figura, en la cual los líderes del gobierno actúan de manera autoritaria irrespetando los derechos del opositor, de tal forma de infundir temor en la población para que acepte la corrupción de manera natural, ya que no tienen forma ni poder de contradecir este lineamiento. Así el comunismo institucionaliza la corrupción en la sociedad haciendo que muchos se vuelvan cómplices sin querer y tengan que convivir de esa manera, algo parecido al modus operandi de las redes de la mafia.

Las estrategia (A) y (C) son los venenos para la sociedad, mientras que las estrategias (B) y (D) son sus respectivos antídotos.

Así pues la estrategia para *contrarrestar a (A) es la (B), en la cual el supra sistema se comporta con transparencia y los individuos se expresan con libertad, son tomados en cuenta con un sistema de justicia participativa y descentralizada. Una forma de llegar a este escenario es moviendo nuestro esquema republicano actual de gobierno con poder central e ir progresivamente a gobierno con poder descentralizado, es decir Republica genuinamente Federal, con democracia social dentro de un libre mercado con integridad respetando los derechos de los individuos (liberalismo), según recomendaciones dadas en el subcapítulo 2.17.2*

Para dar un ejemplo del antídoto (B) anterior, ilustrado con el ejemplo del comportamiento de países del primer mundo como Noruega (con Democracia social) sobre la corrupción. En una ocasión el gobierno de dicho país evidenció que la empresa petrolera STATOIL había incurrido en acto de corrupción en 2003 al sobornar al hijo del presidente de Irán MEHDI RAFSANJANI para obtener licencia de perforación petrolera en ese país. El tribunal de justicia de Noruega dictó sentencia de culpabilidad a dicha empresa y fue sancionada con multa por una gran cantidad de dinero. Por el lado de Irán no hubo veredicto alguno es decir todo esto quedo <u>impune.</u>

¡Cualquier parecido con Venezuela no es pura casualidad! Ya que en ambos países sus gobiernos no son transparentes y sí déspotas, en donde el sistema de justicia no es independiente.

Por el otro lado, el antídoto para la estrategia (C) es la (D), en la cual los líderes como también los ciudadanos tienen un buen poder de discernimiento para no dejarse manipular con facilidad y actuar con raciocinio ante las situaciones, favor ver el sub capítulo 2.7.3.3 del tomo I, como también los medios de información sean imparciales y libres en búsqueda de la verdad.

Para ilustrar con un ejemplo real de un Estado que era muy corrupto en el año 1960 y después de 10 años minimizó grandemente la corrupción en su ente público, este caso corresponde a Hong Kong. Su gobierno era considerado muy corrupto y una de las causas de ello era la influencia de China comunista (uno de los países más corruptos del mundo) con sus funcionarios públicos y ciudadanos quienes ejercían actos de contrabando y sobornos en Hong Kong.

Luego de aplicar varias estrategias para atacar la corrupción, entre ellas, la de crear un Comité independiente cívico – militar contra la corrupción que tenía como funciones principales la de: a) Forzar las investigaciones; b) Enfrentar de manera judicial y con la fuerza los respectivos casos y c) Sancionar a los culpables.

También se aplicó otra muy importante medida como la de llevar progresivamente su sistema republicano a la Democracia liberal, esta se convirtió en una de sus más efectivas vacunas contra este flagelo social (corrupción). Es de señalar que Hong Kong era una antigua colonia británica, que de alguna forma estos les inculcaron en su cultura valores positivos (como el respeto y la honestidad); pienso que esto fue una de las principales causas que los ayudó a zafarse del flagelo de la corrupción en su sociedad en relativo corto tiempo.

De acuerdo a encuesta hecha según (*1.5) a 114.000 personas en 107 países sobre la corrupción, se observa una tendencia de aumento del soborno y de la corrupción a nivel mundial.

Adicionalmente, identificaron los poderes públicos más corruptos siendo el primero el de la policía (la más vulnerable) ante las redes de la delincuencia; seguido por los jueces; en tercer lugar los funcionarios de la administración pública y por último los partidos políticos.

El foro económico mundial coloca a la policía de nuestro país en el último puesto (el más corrupto) debido a su poca honorabilidad.

Según estudio del International Review of Sociology hecho a nivel mundial sobre la corrupción, la cultura y el comunismo (ver *1.5), la corrupción, las mafias están conectadas con los gobiernos comunistas inclusive estos forman grupos armados con la excusa de "proteger a las minorías".

En nuestro caso el pretexto del gobierno es proteger a los pobres.

La inherencia de los cubanos, chinos y de los rusos (unos de los más corruptos del mundo) en los lineamientos, estrategias y tácticas del gobierno chavista se ha hecho evidente en los ámbitos cívico y militar repercutiendo en la corrupción, el tráfico de drogas, la crueldad de las fuerzas del orden público, entre otros, con un objetivo más amplio la de expandir sus redes de influencia al resto de las Américas.

Si no se toman las acciones para contrarrestar la malvada corrupción, esta crecerá progresivamente y de manera perversa en la sociedad. Si esto ocurriese, las fuerzas de los valores positivos quedarían dominadas por las fuerzas de los antivalores y esta forma de actuar (antiética) quedaría implantada como una norma social (sería trágico para el país llegar a ese punto).

1.2.3.1.2 Estrategias para disminuir el Soborno/Corrupción (P)

Aplicando una técnica de innovación mediante el uso de la analogía de la corrupción con el de la contaminación, tal por ejemplo, en el uso de ácido sulfurico y su posible derrame (contaminación dañina a las personas). Las recomendaciones de acuerdo a esta analogía son las siguientes:

Reducir la fuente de la corrupción es por ello que hay que tomar acciones preventivas para disminuir la posibilidad de la incidencia del soborno; primero es atacar la fuente, la obtención de divisas a través del poder centralizado de gobierno (instituciones públicas atadas al poder político) que soborna al entorno para mantenerse en el poder. ¿Cómo hacernos para que el dinero no llegue a estos malvados? A traves de instituciones públicas independientes del poder político y eficaces, según los sugerido en el subcapítulo 1.1.5.4

En segunda instancia enfocarnos en cultivar la actitud de integridad del ciudadano que inicia desde su crianza. Esto nace del seno de la familia como se indicó en el capítulo 2 del tomo I.

Que las prioridades de los próximos gobiernos sean los aspectos económico y social, por encima de lo político y jurídico. De esta forma, nos enfocaríamos a subir la producción nacional estimular la moral y con ello se disminuirá la corrupción.

Lo anterior requiere como premisa libertad económica y descentralización de la República con buena gerencia según lo propuesto en subcapítulo 2.11.3.1

Incluir en lo posible las estrategias usadas por Hong Kong, que disminuyó efectivamente la corrupción aplicando lo siguiente:

1.- Conformar un Comité independiente cívico-militar contra la corrupción que tenía como funciones principales la de: a) Forzar las investigaciones; b) Enfrentar de manera judicial y con la fuerza los respectivos casos y c) Sancionar a los culpables.

2.- Ir el sistema republicano progresivamente a la Democracia Social en mercado liberal, esta se convertiría en una de las más efectivas vacunas contra este flagelo social y paralelamente les exigirá a los líderes un modelaje positivo.

Prevención: definir el tipo y grado de corrupción, su forma de actuación y las acciones a tomar con el fin de entenderlas. Para ello recomiendo conformar comité integrado por ciudadanos comunes (madres de familia, gremios universitarios, ciudadanos comunes decentes (con probadas credenciales) para gestionar las acciones contra la corrupción.

Incluir instrucciones de acciones de emergencia (previamente identificadas)en caso de que ocurra el acto de corrupción para minimizar los efectos dañinos de est, incluyendo en estas instrucciones los números de teléfonos de emergencia.

Hacer campañas publicitarias con enfoque psicológico para que las personas se sientan deshonradas y abochornadas al cometer acto de soborno que conlleve a la corrupción y de esta manera se disminuyan los intentos de soborno .

También mostrar campañas publicitarias que cambien la imagen del gobierno percibiéndolo omnipresente pero actuando de manera equitativa; ya que las personas buenas del país ayudarán al gobierno en dicha campaña, no tendrán miedo porque el gobierno les asegurará protección. Si hay que cambiar las leyes para lograrlo, se hará a través de referendum y consenso nacional para luego aplicarlas.

Controles y prácticas en el sitio de trabajo: definir políticas y procedimientos de cómo manejar la corrupción dependiendo de tipo y grado. Crear condiciones que incentiven al ciudadano a denunciar sin temor los actos de corrupción y que al mismo tiempo los haga sentirse protegidos durante el proceso. También cautivarlos a participar por convicción, dados los beneficios que esto les ofrecerá, como a los suyos.

Por otro lado, determinar el nivel de exposición del funcionario público a la corrupción y al peligro que esta pueda ocasionar el buen desempeño de la gestión pública, de esta forma tomar las medidas previsivas para evitarlas o minimizarlas.

1.2.3.2 Redes de diferentes tipos de Delitos (E)

Existen en el país diferentes redes de delitos por ejemplo, las que secuestran a ciudadanos y piden rescate por ellos, los narcotraficantes, las redes de robos de vehículos, entre otros.

Estas últimas son modelos de negocio altamente rentables para pocos, con un código de ética despiadado para los integrantes de la red de delincuentes; con el fin de que estos no se salgan del círculo vicioso-mafioso o de otra forma son intimidados o abaleados, saliendo en los titulares de la prensa como ajuste de cuentas.

Estas redes de delincuencia conforman una economía que denomino "Topo" donde se involucran miembros del gobierno quienes actúan con impunidad acrecentando así la violencia en el país.

Uno de los efectos de lo anterior es que la gente tiene miedo a denunciar al delincuente porque saben que estos son liberados con rapidez, en unos casos por soborno y en otros basándose en la ley Copp que exige a la víctima testificar en contra del delincuente, en caso contrario, este último es liberado. Muchas veces no se hace dicha acusación; por temor a posterior represalias del delincuente hacia la victima o su familia, por no tener verdadero apoyo de las fuerzas públicas.

En el 2010, 94% de los homicidios fueron cometidos con armas de fuego, 36% de las víctimas eran jóvenes entre 15 y 28 años y la mayoría machos de los sectores económicos más bajos.

Muchas de las armas usadas no fueron contrabando, pero que entraron al país legalmente (vía gobierno) y subsecuentemente se convirtieron en ilegal.

Según lo encontrado por la comisión presidencial de desarme en el 2011, una gran cantidad de armas son robadas luego vendidas, sin el adecuado registro, o "recicladas" en el mercado negro por los policías corruptos.

Según los estudios de la comisión presidencial para desarme en el 2013, se señaló que 70% de los homicidios estuvieron relacionados en confrontación entre bandas de delincuencia, reclamando control territorial para los negocios ilegales o ejercer dominio en un área, 15% estuvo relacionado con robos y el resto a conflictos interpersonales.

La mayoría de los delincuentes parten de familias con estructura dañada; que les brindan poco afecto en su crianza, originando en ellos unas suposiciones y sentimientos de maltratos. Así pues, se sienten discriminados Adicionalmente, consideran que la sociedad no les ha brindado oportunidades, , en cierta forma es cierto, ya que no tienen las condiciones para tener empleos dignos y están la mayor parte de su tiempo ociosos, aplicándose el axioma que "la mente ociosa es madre de la delincuencia" aunado a su resentimiento social.

Debido a las fallas del sistema de gestión judicial, las cárceles están atiborradas de presos, esperando la decisión de los jurados o tribunales. Por otro lado, los pranes (líderes de los presos) controlan sus bandas desde la prisión, inclusive las autoridades actuales del gobierno les dan trato preferencial tal como llevarles mujeres a sus celdas los fines de semana para saciar sus necesidades sexuales,como también preparar y hacer fiestas dentro de las prisión.

¿Por qué el poder ciudadano permite todo esto?

Desafortunadamente, estas inmoralidades no son desplegadas abiertamente a la sociedad para que las sancione; ya que los medios de comunicación nacional en la actualidad no tienen verdadera libertad de expresión, porque el gobierno los controla tratando de evitar que salga a la luz pública la dura y cruel realidad. El fin es evitar que el pueblo se enfurezca, se una y se subleve.

1.2.3.3 <u>La Violencia</u> (E)

El homicidio escandaloso y el engaño tienen sus orígenes en las bajas emociones como el odio, la ira, la lujuria, la codicia, la envidia. Estas bajan nuestra capacidad de mantenernos alerta y discriminar con atención, por lo tanto en esos momentos nos comportamos como animales.

Para evidenciar lo que se acaba de indicar, en el África, particularmente en el Congo, su sociedad ha tenido que convivir en estado de guerra por varios años con alta inseguridad, narcotráfico, corrupción y gran cantidad de gente pobre armada tomando el rol de guerrilleros. ¿No piensan que la revolución chavista con filosofía marxista nos ha ido llevando hacia allá?

El gobierno africano referido le dio un vuelco a la violencia hacia la pacificación usando *como estrategia brindar oportunidad de empleo y de entrenamiento a estas personas;* de esta forma 50% de ellos decidió irse a trabajar a la policía, 30% a cooperativas y el otro 20% eran niños.

La violencia en Venezuela desde 1999 hasta el 2012 ha cobrado más de 120.000 vidas, 70% de esta cifra son jóvenes menores de 25 años asesinados por "ajuste de cuentas" relacionados con el narcotráfico.

Para darles cifras comparativas del nivel de violencia, la Organización de Naciones Unidas (ONU) considera a Estados Unidos como un país violento, con una estadística de 6 homicidios / 100000 habitantes; mientras que Venezuela tiene un índice de 48 homicidos / 100000 habitantes, es decir 8 veces más violento que EEUU.

1.2.3.3.1 La Violencia (C)

Según Diego Arria (*1.6) hay mafias incrustadas en las Fuerzas Armadas Nacional (FAN), poder Judicial y Legislativo, como en otros organismos del Estado, que han permitido pasar toda clase de delincuencia tal como el narcotráfico internacional y grupos guerrilleros paramilitares, lo que ratifica lo que se ha dicho anteriormente; siendo esta una de las principales causas de la tragedia de la inseguridad nacional.

La violencia ha aumentado en la revolución socialista debido también al lenguaje de confrontación instigando al odio de clases en la sociedad, por parte de sus líderes(marxistas), bajo esquema castro-comunista. Esto, lo ilustro con un hecho del pasado reciente, en la cual un señor lo secuestraron con su camioneta Grand Cherokee, despúes lo abandonaron en una carretera desnudo, en ese momento los delincuentes le dijeron que se merecía eso pues él representaba la élite del país quienes eran los culpables de todo el mal que estaban padeciendo.   .

Por otra parte, normalmente, los hombres son más agresivos que las mujeres y una de las principales causas es el mayor índice de testoterona, evidenciado en criminales que usualmente tienen mayor cantidad de esta hormona en su sangre que el promedio de la gente común.

Además los medios audiovisuales globalizados como la televisión, el cine, internet han incentivado al egoismo, la violencia, el pesimismo y la indolencia haciendo al individuo apático e insensible ante el dolor ajeno, contrario a lo esperado, de compasión y empatía para la armonía social.

Otra principal causa de la violencia es la frustación o resentimiento social transmitida por los líderes de la revolución como se explicó anteriormente.En ese orden de ideas, algunos psicologos han hecho pruebas infiltrando persona con actitud de odio en grupo pacífico; inicialmente, el grupo lo observa y luego algunos se contaminan con esa mala actitud.

En encuesta de psicólogos positivos del país hecha en el 2011, determinó que el atributo auto-control_o auto-dominio es el menos valorado.

Este atributo personal es muy influyente para controlar la agresividad, dicho atributo se ejercita con la fuerza de voluntad. Sin ella, el sujeto es manipulado por sus emociones negativas hacia la violencia o en caso contrario hacia la apatía. En estudios recientes de neurocientíficos usando resonancia magnética,la fuerza de voluntad proviene de la corteza prefrontal del cerebro y las personas que tienen poca fuerza de voluntad, el ventral striatum del cerebro es que controla.

Así pues las personas con mayor fuerza de voluntad usan su cerebro diferentemente.

Finalmente, estos científicos han evaluado la aplicación de ejercicios en personas para mejorar su fuerza de voluntad y han verificado la mejora de esta, en ellas.

1.2.3.3.2 La Violencia (P)

Es nuestra naturaleza como seres humanos de querer la paz y según mediciones hechas a nivel mundial sobre el índice de paz obtenidos por la revista inglesa llamada "The Economist", hecha en el 2011, el país más pacífico del mundo es Islandia. La metodología usada fue el número de muertos por guerra interna o externa y el nivel percibido de criminalidad por la sociedad.

A continuación algunos valores obtenidos de dicha encuesta, como 2ndo lugar estuvo Dinamarca, 3r lugar, Nueva Zelandia, 4to lugar, Canadá. En el puesto 88, EEUU, en el 89, China, en el puesto 94, Trinidad, en el puesto 123, Venezuela, en 128, Irán, 144, Colombia y 153, Rusia.

Las conclusiones de dicho estudio son las siguientes:

.- La paz es correlacionada con indicadores tales como el nivel de ingreso, escolaridad y nivel de integración regional.

Lo anterior requiere de libertad económica (desvinculado del poder central del gobierno) que estimula a la inversión privada y a la diversidad económica con ello trayendo mayor cantidad de empleos dignos con meritocracia estimulando a mejorar el nivel del sistema educativo como a cumplir las alianzas dentro del mercado global, por ejemplo, el Mercosur.

.- Los países pacíficos usualmente comparten alto niveles de transparencia en las instituciones públicas, como muy poca intervención de los militares en el gobierno, también el poder político limitado y controlado con ello logrando baja corrupción.

.- Pequeños, países estables (alta comunicación e interacción). La democracia federativa de la República tiene como uno de sus beneficios la de obtener alta comunicación e interacción de las personas, dentro de las regiones.

La disminución de la violencia debe ir acompañada de un proceso de reingeniería de la FAN para que actúe con integridad y profesionalidad. Que, con ello ayude a disminuir las redes de delincuencia nacional como internacional que está azotando al país y finalmente apoyarnos en los tribunales internacionales de justicia para sancionar a los altos líderes que han sido cómplices de las redes de delincuencia nacional e internacional, esto dando señal a las personas de que puede haber justicia en el país.

1.2.3.4 El negocio del tráfico de drogas (E)

Según declaraciones hechas en el diario El Universal por el abogado criminalista Bayardo Ramírez (05-10-13), quien fue presidente de la Comisión Antidrogas del País (Conacuid) indicó que Venezuela es el primer país narcotráficante en latinoamérica, delante de México y Colombia.

Hay grupos dentro del gobierno que trafican desde Bolivia, Ecuador y Colombia, este último con ayuda de la FARC. Así pues el país, se ha convertido en un almacén, laboratorio, colección y centro de distribución de narcóticos.

También indicó que Venezuela, en conjunto con otras regiones del continente, ha conformado rutas de embarque de cocaína y marihuana a través de centro América hasta Canadá y los Estados Unidos. Hay otra ruta hacia África que va de allí a Europa.

Una de las redes de narcotráfico más sonadas es la integrada por algunos generales de la milicia llamada "el cartel de los soles", quienes negocian la intermediación o tránsito de la coca desde Colombia vía Venezuela al resto del mundo, como también hacen su distribución a nivel nacional.

1.2.4 Causas de la Delincuencia Cívico-Militar (C)

La mayor parte de los anteriores hechos delictivos que involucran a la población cívico-militar son originados por la inequidad / parcialidad como impunidad de las instituciones públicas aunado a un Sistema de Gestión de Justicia lento, parcializado (inclusive algunos miembros involucrados en delitos) y no autónomo.

1.2.4.1 Lentitud del Sistema de Gestión de Justicia (C)

De acuerdo al abogado penalista Alberto Sánchez (*P.1), en el 2012 de los presos que esperaban juicios correctos para sus respectivas sentencias (se presume alrededor de 75% del total) hicieron "admisión de hechos"; es decir se declararon culpables, esto lo hicieron ante la realidad de que los procesos penales marchan muy lento o simplemente no marchan, esto es realmente injusto.

Resulta mejor ser condenado, aunque parezca mentira. Ya que el condenado tiene la posibilidad de salir más rápido de la cárcel que el recluso esperando juicio. Normalmente, las condenas en promedio están alrededor de 5 a 6 años; mientras que esperar juicio podría tardar mucho más que eso.

Pareciera que hubiese un sistema penal paralelo donde impera la ley del diferimiento y la ley del COPP (Código Orgánico Procesal Penal) .

La base fundamental para el proceso de la aplicación de la justicia en base a la verdad que debe ser previamente buscada en libertad. Como indicó el psicologo Jonathan Haidt hay dos maneras de encontrar la verdad: la forma científica y la forma del abogado.

El científico busca evidencias, elabora teorías explicando las observaciones, las ensaya y con actitud de humildad busca la verdad a pesar de ser diferente a su teoría.

Por el contrario los abogados comienzan con una conclusión, ellos quieren convencer a otros de su verdad, por lo que buscan evidencias para soportar dicha conclusión; adicionalmente, intentan desacreditar las evidencias de otros que no se adaptan a su conclusión.

Por estudios psicológicos hechos, nuestros cerebros tienden normalmente a reaccionar como humildes científicos pero como maravillosos abogados.

Para ilustrar la última acotación, por ejemplo, es irracional creer que un trabajo es atractivo porque simplemente usted lo haya aceptado. Pero en realidad, esta decisión visceral es la que domina en muchos de los casos, afirmando que en los procesos del pensamiento humano las decisiones son tomadas desde la creencia hacia la evidencia y no viceversa, esta es una de las manifestaciones del prejuicio.

Es por ello que las autoridades del sistema de gestión de justicia deben ser íntegros, con buen discernimiento, acostumbrados a la indagación de forma científica, como también tener un buen nivel académico de abogacía, así minimizar las decisiones prejuiciadas y ser más ecuanimes en las decisiones.

Es importante indicar que las teorías en las ciencias nacen y mueren con cierta facilidad para renacer otras mejores que se acercan a la verdad. Mientras que las teorías de las las ciencias sociales dependen de las percepciones, estas suelen ser ambiguas; es por ello que dichas teorías tienden a ser más duras para morir y renacer otras.

Apoyándome en la experiencia y conocimiento de organismos internacionales tal como la OCDE (Organización para la Cooperación y Desarrollo Económico) (ver *1.3) con el fin de tomar ideas para mejorar la eficacia del sistema judicial sea mercantil o criminal, ellos encontraron entre otras cosas que es esencial manejar un buen grado de información para que de esta forma fluya bien el caso en la corte (caseflow).

El registro de la información permite gerenciar adecuadamente el proceso de los tribunales tales como también medir el desempeño de los jueces y del staff.

Detallando al respecto, la medición de los parámetros claves para la buena gerencia de los tribunales mencionan las siguientes: el número de horas de oficina de los jueces, las horas de su presencia en la corte, la gerencia de los casos, el calendario para escuchar (proceso judicial), organizar y acordar citas con los oficiales judiciales, la gestión de administrativa de los empleados y la gestión del presupuesto.Recordemos el axioma de lo que no se mide no se controla.

De acuerdo a lo anterior, la OCDE, encontró que la productividad de la gestión de las cortes o Tribunales aumenta con el uso de los registros digitales, es decir el sistema digitalizado o computarizado.

Según reporte de la Comisión Europea para la Eficiencia de la Justicia (CEPEJ) dado en el 2010, (ver *1.7) los estados federales (con sistemas descentralizados) de la administración judicial recopilan los datos con mayor facilidad que los estados centralizados (menos eficaces).

Es necesario que los líderes del sistema de gestión de justicia del país tomen estos conceptos y lo desarrollen de acuerdo a nuestras circunstancias.

1.2.4.2 No autonomía ni imparcialidad del Sistema de Gestión de Justicia (C)

Una vez, se dio la noticia que los altos representantes de los poderes públicos del gobierno se reunían en el 2012 para decidir las sentencias judiciales, demostrando que el poder político estaba en estos tiempos por encima del sistema de gestión de la justicia.

Así que la condición mínima para que se gestione la justicia es que haya independencia de los magistrados, los fiscales, de la policía y otros cuerpos de la influencia de los intereses políticos.

¿Cómo el sistema de justicia se puede deslastrar de la influencia política?

En el pasado, la anterior Corte Suprema de Justicia estaba parcialmente desvinculada de los tentáculos del monopolio de las fuerzas políticas, como Acción Democrática (AD) y del Partido Social Demócrata COPEI.

Con la revolución chavista se cambió a Tribunal Supremo de Justicia (TSJ), la cual fue posteriormente dogmatizándose a través de la influencia del fallecido presidente Hugo Chávez, quien usando los poderes especiales que le concedió la Asamblea Nacional y la asesoría de Fidel Castro fue supeditando a los miembros del T.S.J. a su partido político, Partido Socialista Unido de Venezuela (PSUV).

Así que dicha institución (T.S.J.) hoy en día no es transparente, ni independiente del control político. En otras palabras, el sistema de gestión de justicia del país ha sido secuestrado por lineamientos del PSUV y este a su vez, ha seguido las instrucciones o asesoría de los comunistas cubanos.

En Venezuela, en la figura 1.9 se representa el actual sistema de gestión de justicia como una fundación de arena: del Supra Sistema Nacional (Casa) totalmente resquebrajada se genera un alto peligro de desmoronarse la República; mientras que la situación deseada, es ver dicha Casa con fundación de granito y sólida.

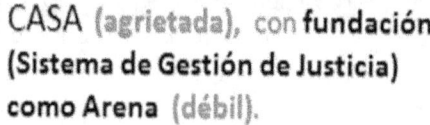

CASA (agrietada), con **fundación (Sistema de Gestión de Justicia) como Arena** (débil).

CASA (sana) **con fundación (Sistema de Gestión de Justicia) como Roca de Granito** (fuerte).

"Peligro de smoronarse la República"

Fig. 1.9

Este símil busca mostrar la gran importancia del sistema de gestión de justicia sobre los demás sistemas que integran al supra sistema nacional (Casa), tales como el político, el educativo, el económico, el de Instituciones pública y el militar.

La biblia hace una comparación similar de la importancia de la justicia como cimiento de la sociedad según Mateo 7:24:27.

1.2.5 Propuestas de Mejoras del Sistema de Gestión de Justicia (Cívico-Militar)

1.2.5.1 Mejoras en la eficacia del Sistema de Gestión de Justicia (P)

De acuerdo a la revista inglesa "The Economist" en su página 48 del 23 de noviembre del 2013, indica que el señor José Dirceu, el segundo después del presidente Luiz Lula da Silva, en lapso 2003 -2005 y otros miembros del partido de trabajadores (PT) fueron puestos presos por el Tribunal Supremo por encontrarse culpables de soborno; lavado de dinero y mal uso del dinero público, en un caso llamado " mensalao" en castellano "mesada".

Esto es casi insólito en un país suramericano, sin embargo, Brasil está rompiendo el hito de la impunidad en los países latinoamericanos, en pro de su verdadero desarrollo económico y social.

Por otra parte, en la figura 1.10 se muestra modelo sencillo de sistema de gestión de justicia que busca ser eficaz tomando como base la norma ISO 9001.

Fig. 1.10

Podemos usar la gestión de los tribunales como ejemplo para aclarar el término de eficacia, así pues la efectividad de estos se definiría como la velocidad de cierre de los casos, y su eficiencia como la optimización de los recursos usados. De tal forma, que la eficacia es la integración tanto de la efectividad con la eficiencia.

En todo sistema de gestión se consideran 4 procesos principales:

El primer y más importante proceso de dicho sistema de gestión es la responsabilidad de la dirección o alta gerencia que en nuestro caso por ejemplo, podríamos indicar el Tribunal Supremo de Justicia, el cual debe recopilar, entender y traducir al lenguaje del sistema de gestión de justicia, los requisitos de los clientes, y en nuestro caso la sociedad en general, que actualmente pide a gritos, una mejor seguridad personal y jurídica.

Otra actividad relevante de la dirección es elaborar el plan estratégico anual con sus respectivos objetivos clave, indicadores y metas. En dicho plan se definen los recursos necesarios tanto de materiales, de tiempo y humano para lograr las metas deseadas siempre con el objetivo principal de satisfacer las necesidades y expectativas (reales) de los clientes (sociedad). En ese orden de ideas, por ejemplo propongo realizar encuestas a las partes interesadas tales como las víctimas, agresores y tribunales para evaluar su desempeño.

En nuestro caso, la alta gerencia sería el Poder Judicial con el Tribunal Supremo de Justicia como máximo exponente tanto para el ámbito cívico como militar.

El poder judicial que debe ser independiente (sin influencia política) y monitoreada por el poder ciudadano, debe administrar de buena forma los recursos financieros, materiales y humanos asignados para el cumplimiento de los objetivos trazados.

Según la OCDE (Organización para la Cooperación y Desarrollo Económico) en 34 países evaluados indicó que en dichos países, los jefes de los jueces tienen mayores responsabilidades gerenciales tales como supervisar la nómina diferente de los jueces y el presupuesto administrativo.

Dichos recursos incluyen aspectos de mantenimiento y mejoras de infraestructura física como digital (computarizada) de los tribunales, como también el entrenamiento de los jueces, de los fiscales , con el espíritu de la mejora continua del sistema de gestión de justicia.

Detallando sobre los anteriores recursos podemos mencionar el dinero, los sueldo de las personas, la capacitación, la infraestructura, la tecnología de información. Las instituciones aquí incluidas podrían ser la fiscalía, los tribunales, las cárcelesque los clientes esperan que hagan bien su trabajo (brindar el servicio con rapidez, integridad y equidad).Por ejemplo, en la actualidad ha sido una necesidad de construir nuevas penitenciarias, respetando los derechos de los reclusos y acabando con el hacinamiento.

Se propone estimular a las instituciones pública arriba indicadas a ser autosostenibles, en tal sentido sugiero evaluar modelo de negocio mixto (Estado – Privado) en el cual los reclusos en las cárceles hagan actividades sanas y den valor agregado a la sociedad (patrocinado por empresarios); esto los ayudará a ganar dinero, los apartaría del ocio (amigo inseparable de la delincuencia) y a mantener la infraestructura donde viven en orden y limpio.

Se entiende que los recursos son dados por el gobierno central, asignados a través de la Asamblea Nacional.; Por otro lado, la Constitución Nacional en su artículo 254 indica que los representantes del poder judicial no deben cobrar por sus servicios entiendo con ello que estos son gratis; esto es una premisa que no es sana, ya que con una hiperinflación, los sueldos de estos funcionarios públicos quedarían muy bajos y estarían susceptibles a ser sobornados.

¿Qué propuesta daría usted para evitar que esta situación ocurra?

En relación al pago de los jueces en Europa, según reporte de la Comisión Europea para la Eficiencia de la Justicia (CEPEJ) dado en el 2010 (ver * 1.7), se encontró que "un régimen que negocia libremente los honorarios es caracterizado por tener menos litigios que un régimen con honorarios controlados (por la ley)".

Según lo anterior, los honorarios percibidos por los tribunales cubren la mayor parte de los costos operativos del este, inclusive algunos de ellos generan ganancias netas que provienen mayormente de los recursos relacionados con el registro del manejo de las tierras y de los negocios.

El tercer proceso del sistema de gestión según la figura 1.10, corresponde a las actividades medulares para la gestión de la justicia, denominada "realización del servicio o producto", en nuestro caso la toma de decisión final de los tribunales y sus consecuencias. Para lograr este producto (servicio) se recopila inicialmente la información de manera sistemática en búsqueda de la verdad, luego se hace el análisis con enfoque objetivo tomando las mejores decisiones y acciones de manera equitativa (sin prejuicio).

Para iniciar el proceso de gestión de justicia con calidad, la información de entrada debe ser clara, objetiva y transparente siempre con el espíritu de la búsqueda de la verdad en libertad.

Este proceso tiene indicadores clave, que son medibles y transparentes.Uno de los posibles indicadores a considerar en los tribunales podría ser el tiempo promedio de casos cerrados por mes, el número de delitos por mes que llegan a la institución como también el índice de homicidios por mes.

Otro importante indicador que podría incluirse es el índice de transparencia (nivel de libertad) del poder político sobre dicho sistema.

Con respecto a los indicadores de la efectividad , el OCDE, indica varios:

.- Número y tipo de casos/litigios (velocidad de entrada al sistema de justicia).

.- Tiempo tomado para los litigios cerrados y los que están en proceso. En ese orden de ideas, sugiero usar como indicador el número de casos cerrados por mes.

.- Velocidad en llegar a los acuerdos; es decir buscar la reducción del tiempo promedio de cierre de casos..

A continuación les sugiero otra herramienta gerencial que podría ayudar a cerrar con mayor rapidez y calidad los casos en los tribunales.), Se llama *Lean Performance Management*, que proviene del inglés y significa "desempeño gerencial magro"; esta metodología consiste en eliminar y recortar las actividades que no agregan valor al proceso desde la perspectiva de las partes interesadas logrando con ello una mayor eficacia de la gestión.

La aplicación de esta metodología requiere de empoderamiento (facultar a las personas para que tomen decisiones). Para lograr esto, se exige inicialmente un alto grado de confianza hacia el personal, que se logra cuando este haya demostrado responsabilidad como las debidas competencias (actitudinal, gerencial y técnico) en su gestión.

La mejora de la gestión debe ser medida a traves de indicadores tales como velocidad de respuesta y cierre de casos.

Aunado a lo anterior, otra de las acciones para mejorar la efectividad de los tribunales es instruir a la población en el uso de la computadora. La tecnología contribuye a agilizar el procesamiento de expedientes y otras gestiones.Así pues la tecnología digital es un habilitador para agilizar los expedientes en la gestión de justicia dentro de un marco de libertad y moral.

Para lograr el éxito en la implementación de las anteriores propuestas se requiere de la visión y compromiso de la alta gerenica, que asigna recursos de manera profesional conformando equipos de trabajo de alto desempeño.

Finalmente es necesario validar el nivel de efectividad y eficiencia del sistema de gestión de justicia a través de auditorías hechas por contralores nacionales (órgano auditor y controlador), que deben ser profesionales competentes, exigentes, transparentes e independientes, sin inherencia política u otro tipo de influencia.

Desmantelamiento de las Redes de Delitos.

A continuación se proponen tácticas para desmantelar las redes de la delincuencia en el país, que soportan la econocmía Topo, tales como el robo de vehículos, los secuestros, asaltos, fraudes, el narcotráfico y la corrupción. Propongo insertar espías en estas redes para luego tomar acciones concretas que las eliminen definitivamente.

Otra acción sería propiciar disputas entre bandas de delincuentes para que se debiliten mutuamente. Aunado a ello es necesario mejorar los sueldos de las fuerzas públicas y hacer un reforzamiento de los valores. Además de recuperar el dinero malhabido de las cuentas de los corruptos y regresarlo a las de las instituciones del Estado.

1.2.5.2 Independizar el poder judicial del Gobierno Central (P)

Debemos unirnos para recuperar la democracia para ello hay que independizar el sistema de gestión de justicia del gobierno central.

Si logramos esto empezaremos a revitalizar la economía, a través de la libertad y la innovación que debe estar liderada por personas civiles competentes con alto nivel de conciencia (5to nivel según subcapítulo 2.5 del tomo I) que sean nuestros gerentes sociales.

Antes de llegar allá debemos pasar por el proceso de un plesbiscito nacional, el cual instale a personas honorables (en las instituciones públicas. Para ello, se debe elaborar un plan nacional en la que la sociedad civil debe tener suficientes recursos como personas morales con coraje para luchar contra de las redes de mafias..

Para recuperar la república democrática es primordial defender la libertad de expresión e información, que es la premisa básica para la indagación de la verdad y gestionar con justicia. Paralelamente, se podrá iniciar la separación de los poderes públicos de la tiranía y secuestro por el poder político.

Para lograr la independencia de poderes, se debe desintegrar el estado paralelo comunista impuesto por la revolución (hecho a través de trampas legales por encima de la Constitución Nacional).

Dentro de ese plan sugiero incluir a agencias de inteligencia y asesores profesionales de alta calidad de países como Inglaterra y Brasil que nos puedan apoyar. Para ello se debe tener presupuesto accesible.

Uno de los principales pasos en el anterior proceso es liberar al CNE de las garras del poder central del gobierno, para ello sugiero que dicha institución no sea permanente. Sugiero que el CNE se conforme previamente a las fechas electorales, con ello se minimiza la probablidad de sesgo político.

1.2.5.3 Justicia Federal descentralizada (P)

Suiza es uno de los países más desarrollados del mundo. Desarrolla una buena economía, excelente calidad de vida, sociedad pacífica; una de las razones de todo esto es que su sistema judicial es federal independiente y descentralizado- La cual está constituida por tribunales municipales a nivel inferior, seguido por la suprema corte municipal. Esta a su vez tiene como instancia superior, el tribunal supremo federal y por encima de ésta, la Corte Europea de los derechos humanos.

Su corte suprema de justicia tiene cerca de 35 – 45 jueces de los cuales menos de dos terceras partes son jueces (parciales).

Además su parlamento nacional (equivalente a la asamblea nacional en nuestro caso) tiene muy poca inherencia en dicho poder, solo revisa de manera superficial las finanzas de los tribunales y el funcionamiento organizacional.

1.2.5.4 Leyes (P)

Para reiniciar el rumbo hacia la paz y el progreso del país se deben revisar y modificar las leyes y reglamentos marxistas que han sido "impuestos" en los últimos años. Para ello sugiero que se convoque a las partes interesadas a referendum, con el fin de modificarlos vía análisis y consenso (por mayoría absoluta) para su posterior aplicación en el sistema de justicia.

Las respectivas leyes "rojas marxistas que impiden el desarrollo del país" pasarían a ser como castillos de arena en la orilla de la playa que se desmoronan con las olas del mar.

Si volvemos sobre el ejemplo de Suiza, sus leyes las crean y las formalizan en 4 fases:

a) El borrador se hace por la comisión administradora de leyes

b) Consultado por por las partes interesadas como los partidos políticos, los empresarios, los sindicatos y otros

c) Debate parlamentario y versión final

d) Posibilidad de referendum (en caso de que no haya consenso en el parlamento)

Con respecto al caso (d), estimular el mayor uso de referendums como vía transparente ante la sociedad para la eliminar, corregir y diseñar nuevas leyes que impacten a toda la nación.

Por otro lado, nuestros gobiernos han modernizado las leyes (muchas importadas), sin entender el verdadero contexto del país, ni su impacto sobre la sociedad y menos aún el entendimiento y consenso de todos los interesados. Sugiero que los entes que elaboran las leyes y reglamentos analicen de manera sistemática tal como el uso de técnica (Positivo-Negativo-Interesante) de Edwards de Bono, en el contexto de la situación; esto minimizaría los posibles impactos dañinos en la sociedad.

Otro aspecto importante a considerar para el cambio indicado arriba es revisar y cambiar la creencia o suposición que tienen los legisladores que el ciudadano es un malhechor per se y hacen las leyes acorde a dicha suposición.

Deben entender que la persona quiere actuar con honestidad y responsabilidad (ley universal de la buena voluntad del ser humano).

La mayoría actuará de buena fe; sin embargo, habrán algunos que no lo harán (comportamiento natural estadístico). Por culpa de algunos, todos tienen que pagar , ¡eso si es injusto!

Además, ¿para qué tanto controles? Si al final los que ostentan el poder (de manera déspota) no cumplen las leyes ni tampoco son sancionados.

Hoy en día hay un excesivo número de leyes, alta cantidad de controles y aun así hay impunidad; entonces para qué despilfarrar tanto tiempo y esfuerzo en dichos controles, si esto lo que hace al sistema de justicia ineficaz y actúa con impunidad.

¡Tengamos menos controles (definir los controles claves)! Así el sistema de justicia será más eficaz y disminuirá la impunidad. Para soportar lo anterior hay evidencias psicológicas que indican que la mayoría de las personas actúan según las expectativas que otros esperan de ellas: si se tratan como maleantes, estas se comportarán de esa manera y viceversa. Este comportamiento es denominado "efecto pygmaleon".

1.2.5.5 Los Jueces (ciudadanos) (P)

Tengo entendido que todos los jueces de los tribunales en el país deben ser profesionales de la abogacía, a excepción de los jueces de paz, quienes pueden ser ciudadanos comunes escogidos por las comunidades municipales para resolver disputas vía conciliación, mayoritariamente para casos vecinales. El resto debe pasar por un proceso de formación profesional establecido por los reglamentos y estatutos establecidos.

Debido a esto, este número de jueces profesionales pagados por el gobierno central no es suficiente para la gran cantidad de litigios presentes creando grandes atrasos.

Comparando la velocidad de gestión del sistema de justicia entre países europeos, la Comisión Europea para la Eficiencia de la Justicia (CEPEJ) indicó que naciones como Rusia y Grecia, ambos con grandes problemas económicos, poseen sistemas de justicia lentos. Mientas que en el Reino Unido y Japón las gestiones de justicia son más rápidas, tienen por ejemplo, jueces (ciudadanos) en sus tribunales . Podemos inferir de lo anterior, para Venezuela que al lograr un sistema de gestión de justicia eficaz, su economía crecerá.Estos últimos sistemas judiciales son menos vulnerables a la inherencia del poder central del gobierno y de la corrupción. En ellos, un juez no profesional, juez sin entrenamiento legal puede ser reclutado, dependiendo de la naturaleza del caso, por sus conocimientos específicos de la materia o para asegurar la participación ciudadana en las actividades legales.

Para detallar aún más sobre los juecesen Japón desde el 2012 se está incluyendo en sus tribunales tanto jueces profesionales como jueces / ciudadanos llamados "Saiban-in", quienes deben ser ciudadanos mayores de 20 años y haber pasado por lo menos el nivel de secundaria. Ellos tienen tambien la facultad de determinar si hay culpabilidad y de sentenciar al acusado.

El primer caso de prueba en Japón usando a los jueces/ ciudadanos tardó solamente 4 días; mientras que en casos criminales similares podrían haber tardado años bajo el viejo sistema.

Este trabajo en conjunto de los jueces profesionales y de los jueces ciudadanos disminuyó el tiempo promedio de cierre de los juicios legales a la mitad de lo que tardan los europeos.

Este esquema de jueces/ ciudadanos hace que haya una participación directa de la comunidad como también permite mayor velocidad al proceso de litigio y democracia al sistema de justicia.

1.2.6 <u>Reflexiones</u>

En el ámbito de las Instituciones públicas:

¿Qué recomendaciones dadas en la primera parte de este capítulo le parecen factibles?

¿Usted podría tomar iniciativa en algunas de ellas para comenzar el cambio positivo deseado por todos?

Con respecto al ámbito del Sistema de Gestión de Justicia, con relación a la corrupción:

¿Usted considera que el país puede librarse de ese flagelo que empobrece a la sociedad?

Si no cree así:

¿Qué acciones recomendadas de este capítulo considera que son factibles para aminorar la influencia de la corrupción en nuestra sociedad?

Estoy convencido de que sí podemos lograr una república sana, cuya fundación (Sistema de Gestión de Justicia) sea tan robusta como el granito. Para ello, inicialmente debemos conformar redes de líderes positivos.

¿Qué sugiere y que aporte daría usted para iniciar este proceso?

CAPÍTULO 2

Sistema Político

2.1 Historia Política Nacional desde la Colonia a la Independencia (E)

A mediados del siglo XVI en las colonias españolas, los representantes de la monarquía solían ser descendientes de los conquistadores y sus cargos en los cabildos eran vitalicios. Existía un Estado centralista controlador, que originaba despotismo y nepotismo con ello aniquilando la meritocracia y el incentivo para elevar el nivel de conciencia. Muchos de los líderes actuaban de forma mediocre, eran vanidosos y modelaban de manera inmoral creeando con ello atraso social, pobreza y violencia.

En la figura de abajo 2.1 se hace una breve reseña histórica desde el año 1565 (colonia) hasta el año 1864, después de la Independencia.

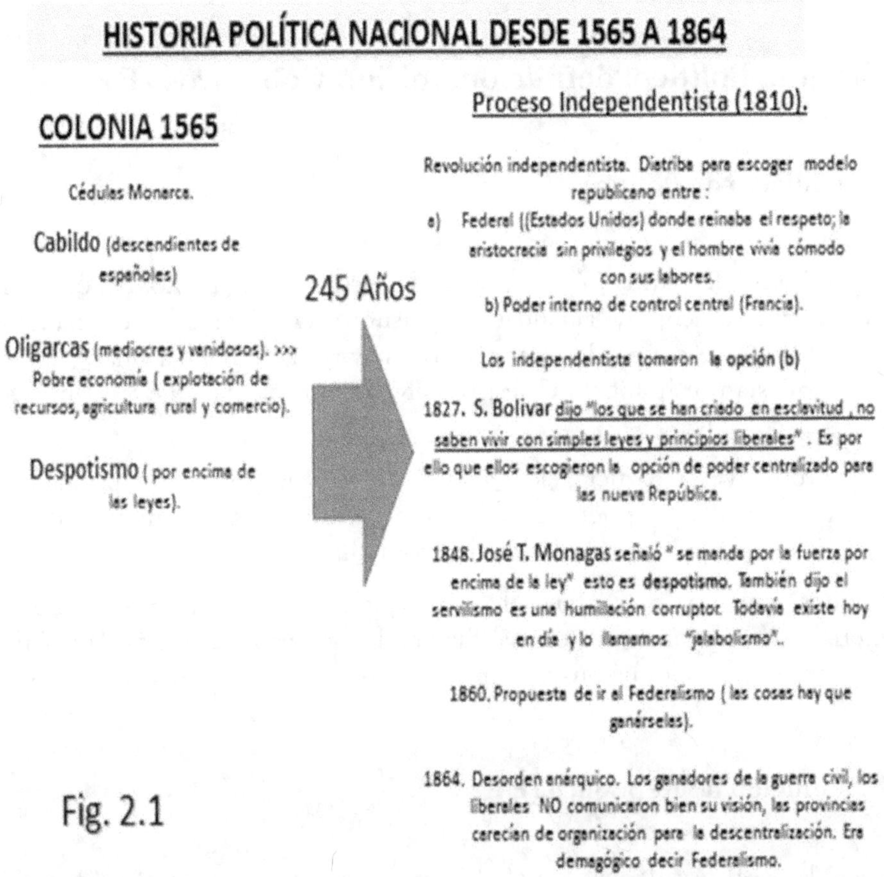

HISTORIA POLÍTICA NACIONAL DESDE 1565 A 1864

COLONIA 1565

Cédulas Monarca.

Cabildo (descendientes de españoles)

245 Años

Oligarcas (mediocres y vanidosos). >>> Pobre economía (explotación de recursos, agricultura rural y comercio).

Despotismo (por encima de las leyes).

Proceso Independentista (1810).

Revolución independentista. Diatriba para escoger modelo republicano entre :

a) Federal ((Estados Unidos) donde reinaba el respeto; la aristocracia sin privilegios y el hombre vivía cómodo con sus labores.

b) Poder interno de control central (Francia).

Los independentista tomaron la opción (b)

1827. S. Bolivar dijo "los que se han criado en esclavitud , no saben vivir con simples leyes y principios liberales" . Es por ello que ellos escogieron la opción de poder centralizado para la nueva República.

1848. José T. Monagas señaló " se manda por la fuerza por encima de la ley" esto es despotismo. También dijo el servilismo es una humillación corruptor. Todavía existe hoy en día y lo llamamos "jalabolismo"..

1860. Propuesta de ir al Federalismo (las cosas hay que ganárselas).

1864. Desorden anárquico. Los ganadores de la guerra civil, los Liberales NO comunicaron bien su visión, las provincias carecían de organización para la descentralización. Era demagógico decir Federalismo.

Fig. 2.1

Hoy en día, casi 500 años después y considerando que han pasado una veintena de generaciones, nuestros líderes actuales muestran un comportamiento similar a los de la época de la conquista. No hemos evolucionado.

En 1811 la junta patriotica tuvo la diatriba de escoger entre el modelo republicano francés (centralizador/ conservador) y el dado por Estados Unidos (federal / liberal). Ellos escogieron el primero porque consideraron que el pueblo carecía de las destrezas, la ética y la auto estima para construir una Republica de manera descentralizada ,libre y próspera.

Ante la sublevación de 1826 Bolivar señaló:" Los que se han criado en esclavitud, no sabemos vivir con simples leyes, ni principios liberales".

Es por ello que él se inclinaba hacia el tipo de república con poder interno centralizado; lamentablemente, la historia nacional nos ha demostrado que esto ha degenerado en despotismo, sembrando con ella la ignorancia, la ambición, la pobreza ,el servilismo y la violencia.

Por otro lado, hoy en día muchos paises del primer mundo han surgido de Repúblicas descentralizadas – liberales.

2.2 Sistema Político: definición, misión y objetivos (E)

2.2.1 Definición de Política

La **política** (del latín *politicus* y esta del griego antiguo πολιτικός 'civil, relativo al ordenamiento de la ciudad o los asuntos del ciudadano) es una rama de la moral que se ocupa de la actividad, en virtud de la cual una <u>sociedad libre</u>, compuesta por hombres libres, resuelve los problemas que le plantea su <u>convivencia colectiva</u>.

Este promueve la <u>participación ciudadana</u>; ya que posee la capacidad de distribuir y ejecutar el poder según sea necesario para promover el bien común. Es un quehacer ordenado al <u>bien común</u>.

Algunos autores presentan el uso legítimo de la fuerza como la característica principal de la política. Siguiendo con esta definición la política es el ejercicio de poder que busca como fin trascender.

2.2.2 Definición de República (E)

Según la Real Academia Española es la organización del Estado cuya máxima autoridad es elegida por los ciudadanos o por el Parlamento para un período determinado.

Una república está fundamentada en el "imperio de la ley" y no en el "imperio de los hombres". Una república es, de este modo, un sistema institucional independiente de los vaivenes políticos en el cual tanto los gobernantes como los gobernados se someten por igual a un conjunto de principios fundamentales normalmente establecidos en una constitución.

A continuación elementos comunes de la definición tradicional que la cultura occidental ha elaborado del concepto "República":

1. La periodicidad en los cargos

2. La publicidad de los actos de gobierno: no es posible el secreto de Estado

3. La responsabilidad de políticos y funcionarios públicos

4. La separación y control entre los poderes

5. La soberanía de la ley

6. El ejercicio de la ciudadanía, quien pone y depone

7. La práctica del respeto, y no la intolerancia a las ideas opuestas

8. La igualdad ante la ley

9. La idoneidad como condición de acceso a los cargos públicos.

¿Usted cree que esto se está cumpliendo en la actual Venezuela?

2.2.3 Definición de la Democracia (E)

Indagando en las diversas fuentes, se entiende como democracia al conjunto de reglas que determinan la conducta para una convivencia ordenada, política y socialmente. Se podría decir que se trata de un estilo de vida, cuyas bases se encuentran en el respeto a la dignidad humana, a la libertad y a los derechos de todos y cada uno de los miembros.

En la práctica, la democracia es una modalidad de gobierno y de organización de un Estado. Por medio de mecanismos de participación directa o indirecta, el pueblo selecciona a sus representantes. Se dice que la democracia constituye una opción de alcance social y ante la ley todos los ciudadanos gozan de libertad y poseen los mismos derechos, las relaciones sociales se establecen de acuerdo a mecanismos contractuales.

Algunos conceptos importantes al hablar de democracia son el referéndum (derecho del pueblo a rechazar o aprobar las disposiciones de los legislativos), plebiscito (votación en la que el pueblo responde a una propuesta hecha por el gobierno sobre temas del estado de interés fundamental: cambio de forma política, asuntos internacionales como problemas de fronteras,), iniciativa popular (el pueblo presenta al gobierno una proposición sobre proyectos de leyes o temas de incumbencia política o ciudadana), revocatoria (el pueblo puede anular decisiones del gobierno a través del voto popular y tiene derecho a apartar a determinados funcionarios si no desempeñaran bien su labor), y jurados (el pueblo integra los llamados jurados populares para colaborar con el poder judicial).

2.2.4 Misión y objetivos del sistema político (E)

A mi entender, su misión es la transformación dinámica hacia la mejora continua del entorno social- econonómico-ambiental para la sostenibilidad sustentabilidad de los seres vivos.

Esta misión es llevada a cabo bajo el liderazgo de los políticos en concordancia con la visión, de ella salen los objetivos clave, estrategias y tácticas.

De acuerdo a la visión de país propuesta en el tomo I (capítulo 1), recomiendo los objetivos claves e indicadores medibles que cuantifican el progreso en cuanto a la cohesión social , la calidad de vida de la familia, la aplicación de la moral en la sociedad, la justicia / equidad del Supra Sistema Nacional sobre el ciudadano, el crecimiento de la economía de manera sostenible y amigable al ambiente.

2.3. <u>Repúblicas con poder centralizado</u> (E)

En este esquema de república, el Estado gestiona bajo un estilo de liderazgo de poder centralizado donde las leyes y las políticas son originadas y divulgadas desde el gobierno central. Por ejemplo, los ministerios que normalmente están ubicados físicamente en la capital del país y luego dichas decisiones son desplegadas a nivel nacional, donde las autoridades de las regiones tienen poco poder de autogestión sobre los ámbitos económico, de justicia, de infraestructura, de educación e inclusive político, teniendo con ello poca influencia sobre el destino de ellas mismas.

A pesar de que el acta de Independencia de Venezuela firmada en 1811 tenía aire de federalismo liberal nacido en Estados Unidos; tristemente, luego de esta, en casi todas las repúblicas ha predominado el autoritarismo militar con control de poder centralizado, ejercido por caudillos. Un ejemplo de ello, fue la dictadura de Guzman Blanco, quien no respeto la Constitución de 1881 que contemplaba una República Federalista con poder Presidencial similar al de Estados Unidos, y actuó por encima de la Constitución como todo un déspota.

Hoy en día los gobiernos con tendencia "marxista" por ejemplo, países "socialistas" y "comunistas" estimulan al Estado a tener un gran poder centralizador proclives a caer en el despotismo

2.3.1 Despotismo (E)

La definición según la Real Academia Española: (De *déspota*): m. Autoridad absoluta, no limitada por las leyes. 2. m. Abuso de superioridad, poder o fuerza en el trato con las demás personas.

Esta es la forma de gobierno de una sola autoridad individual o por un grupo pequeño de personas que gobiernan con poder absoluto político parecido a una monarquía.

El estilo de liderazgo déspota es "el gobierno de uno", cultivando en los ciudadanos la aceptación y el conformismo hacia el poder absoluto de una persona sobre los demás, algo   parecido al poder del monarca sobre sus vasallos o el poder del general sobre sus soldados.

El despotismo ha estado presente en muchos momentos de nuestra historia. Para ilustrar lo anterior, a comienzos del siglo XX Juan Vicente Gómez fue un caudillo o déspota que en su gobierno no permitió libertad de pensamiento ni de expresión. En su gobierno dio las primeras concesiones petroleras a las empresas extranjeras (actitud facilista de una persona poca culta), que trajeron tecnología para exploración, explotación y distribución del crudo petrolero. Así ese gobierno comenzó con el mal hábito de depender de las rentas del petróleo para la obtención de divisas, dejando a un lado el esfuerzo, el talento y la creatividad del venezolano, que es la fuerza motriz para el emprendimiento de nuevos modelos de negocios de producción nacional y de exportación, que son los verdaderos bastiones de la riquezas como soberanía nacional.Esta manera de vivir simplemente de la entradas de divisas por rentas del petróleo abrió más el compás al "facilismo" como al "servilismo" o "jalabolismo" como medio de muchos para obtener su tajada de poder y dinero de quienes ostentan el poder.

En la siguiente figura 2.2 se muestra que el despotismo se ha hecho presente de manera cíclica en nuestra historia. Los pequeños círculos en dicha figura representan los gobiernos déspotas que ha tenido el país a lo largo de su historia desde la colonia.

Como pueden observar que a lo largo de estos 500 años de historia (300 años de conquista y colonia) y 200 años de república; lamentablemente, el país ha sido mayormente gobernado por gobiernos déspotas. ¡Que le parece!

¿Qué podemos hacer para romper con esta tendencia o maleficio? Que tristemente, hoy en día (2016) tenemos sufriendo por tener un gobierno cívico-militar déspota, con alto nivel de inmoralidad que ha dado como fruto un alto índice de delincuencia.

Tendencia del Despotismo en Venezuela.

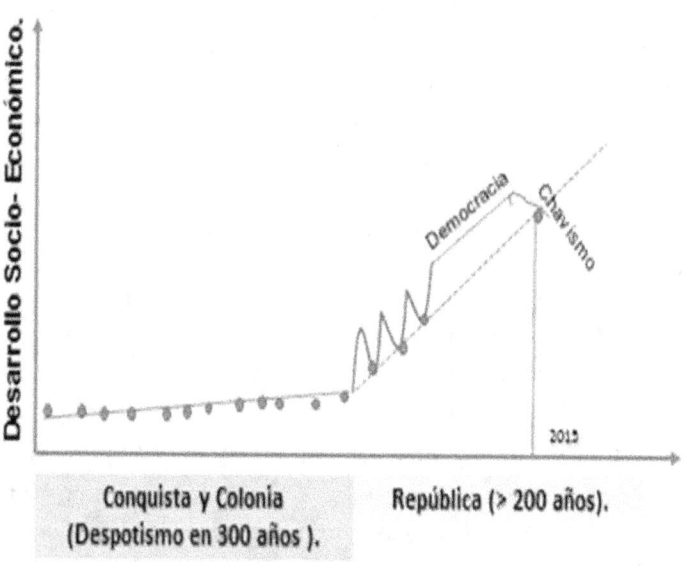

Nota: ● = Despotismo

Fig. 2.2

El despotismo basado en la inmoralidad y haciendo referencia histórica en 1840, José Tadeo Monagas, al encontrarse ante las rebeliones, comentó que "todo régimen moral había desaparecido, se mandaba por la fuerza y por encima de la ley; relajándose en el cumplimiento de la ley ocasionando inmoralidad".

A pesar de haber transcurrido 175 años de lo dicho por Monagas, hoy estamos padeciendo de la misma enfermedad "despotismo con inmoralidad".

Analizando lo positivo, lo negativo y lo interesante de un gobierno déspota, comienzo indicando que lo bueno de este tipo de gobierno "centralizador" es que puede planificar, ejecutar y corregir con mayor facilidad que un gobierno descentralizado.

Lo negativo es que concentra el poder en pocas personas creando terreno fértil para el abuso hacia los demás, inspirado por el egoísmo y la ambición; en detrimento del progreso del colectivo. Lo interesante es que dicho tipo de gobierno se expandió a todos los países latinoamericanos (para bien o para mal).

2.3.1.1 Despotismo (C)

Una de las causas del despotismo ha sido la parcialidad o sesgo del supra sistema nacional hacia los que ostentan el poder actuando con impunidad.

También podemos mencionar una gran debilidad del sistema educativo que no inculca el sufiente discernimiento, por lo cual la mayoría de las personas pueden ser manipuladas con facilidad, dejándose llevar por la emocionalidad o sentimentalismo que los líderes políticos (cívico- militar) lo incluyen en su oratoria adrede para ganar adeptos a ellos.

Otra razón del despotismo es que estamos acostumbrados a convivir con este estilo de liderazgo autoritario estimulado esto desde desde la niñez en muchas familias y por el sistema educativo.

2.3.1.2 Despotismo (P)

Con un sistema económico en libertad que exigirá meritocracia, el sistema educativo tendrá que mejorar su calidad substituyendo entre otras cosas el estilo autoritario del maestro/profesor por el de escucha empática y de consenso, que estimula el hábito de pensamiento correcto en los niños. Estos aspectos ayudarán a que las personas tengan mayor confianza y autoestima como mejor discernimiento, evitando así que las personas sean presas fáciles de líderes inescrupulosos.

También se debe estimular la formación de familias funcionales con el apoyo del Estado, de acuerdo a las propuestas dadas en el sub capítulo 2.10.3.1 del primer tomo de este trabajo, de tal forma que las personas serán inmunes al virus del "populismo" que tanto daño ha hecho a la sociedad.

Una de las fuerzas motores para lograr el cambio es el sufrimiento de la sociedad por su grave situación socio-económico. Se requiere coraje de los líderes para realizar la transformación esperada en la población. Esto será un proyecto que necesitará de recursos, incluyendo herramientas de las ciencias y la tecnología.

2.4 Historia y efectos del Marxismo (E)

El término comunismo nació en Francia, con la palabra "comunal" en París en 1789, con el alboroto de los campesinos contra los nobles y la monarquía, que los estaba explotando en su condición de agricultores rurales.

Por el contrario, en Inglaterra, en ese tiempo durante la revolución industrial y agrícola, sus trataron con mayor equidad a sus campesinos, para así estimularlos a trabajar con mayor compromiso (enfoque ganar / ganar).

En Inglaterra desde aquel entonces hasta la fecha de hoy, los socialistas, los comunistas, los trabajadores y los campesinos han formado partidos con voz y voto en el Parlamento, pero aun así no han llegado a tener gran poder; ya que la mayoría de las personas están convencidas de que hay más frutos y beneficios con el liberalismo democrático que con el marxismo.

Lo anterior demuestra lo errado de la profecía de Marx que decía que el capitalismo se desmoronaría en los países industrializados por la explotación del hombre por el hombre y nacería la revolución del proletariado con el socialismo para luego convertirse en comunismo.

En la realidad no ha pasado así, Inglaterra, donde nació la revolución industrial, como Alemania, donde nació Marx, hoy en día son países del primer mundo que siguen desarrollando sus propias ciencias y tecnologías alejados del marxismo; se han mantenido soberanos, libres y en progreso. Mientras que los países con poca industrialización y agricultura son los más propensos a caer en las garras del marxismo que ha degenerado en dictaduras, mayor pobreza, dependencia y crueldad.

La realidad es que en los países marxistas, el gobierno tiene alto control de las instituciones de la República, incluyendo a la economía, y sus líderes se convierten en multimillonarios e intocables dejando al resto del país, empobrecido y desesperanzado.

Por lo tanto, estas doctrinas suenan bonitas pero lamentablemente, la historia ha demostrado que no es así.

En nuestro país, la revolución "chavista-marxista" ha generado resultados nefastos para el país tales como desabastecimiento de víveres y medicinas básicas, baja producción nacional, aumento de enfermedades, mayor pobreza, violencia y despliegue de inmoralidad con impunidad.

Por otro lado, veamos el caso de la extinta Unión Soviética que llegó a tal deterioro económico que por un tiempo no pudo alimentar a su pueblo. Considerada una de las regiones más corruptas del mundo, lo que siempre le importó al régimen fue la fabricación y las ventas de armas para mantenerse en el poder. La economía es la que manda no las armas, es por ello que actualmente Rusia no es considerada un país del primer mundo.

Para ahondar más sobre la contradicción entre la teoría marxista y la realidad, comienzo con el concepto de "igualdad de clases". Infiero que incluye igualdad de trato, pero la triste y cruel realidad es opuesta a eso; por ejemplo, en protesta estudiantil por alta inflación y corrupción en la plaza Tynamin (China) en 1985, las fuerzas militares del gobierno masacraron a muchos estudiantes. Luego de esto, sacó nuevas leyes antiprotestas y tomó una línea más dura hacia el comunismo.

Similar comportamiento ocurrió con el gobierno venezolano contra las protestas estudiantiles del 2014 que denunciaban la inflación, la inseguridad y la escasez de empleos dignos.

Es de acotar que el artículo 058 de la Constitución Nacional permite manifestaciones pacíficas pero esto fue violado de manera déspota. Adicionalmente, en el 2015 el gobierno ha hecho reglamentos y leyes que prohiben toda índole de manifestación contra ellos, inclusive en las redes sociales.

¿Ustedes no se han preguntado en que países ha proliferado el marxismo?

Les diré, en los países pobres con muy poco o nada de nivel de desarrollo de las ciencias, la tecnología y de la agricultura.

En estos paises el "marxismo- leninismo" se hacen llamar socialistas, pero sus sistemas han decantado en comunismo originando regímenes autoritarios tales como el chavismo y el cubano.

Los actuales líderes y burócratas del gobierno central nacional usan las tácticas del castro-comunismo para mantenerse en el poder, convirtiendo a sus líderes en capitalistas burocráticos "multimillonarios" que de manera deshonesta y egoísta toman los recursos del Estado para su uso "personal". Luz para ellos y oscuridad para los demás como ha ocurrido en países como Rusia y Corea del Norte.

Los gobierno marxistas (en su mayoría) no saben pelear limpiamente en el mercado libre y global; ya que su enfoque no es búsqueda de la calidad ni de la competitividad en un clima de libertad; sino más bien están pensando en adoctrinamiento y sometimiento, comprando armas, involucrándose con las guerrillas (economía de topo) como sus mayores fuentes de recursos.

2.5 Tipos de repúblicas con fundamento filosófico marxista (E)

2.5.1 Social Democracia (E)

Es una ideología filosófica que oficialmente tiene como propósito establecer un socialismo democrático_a través de métodos reformistas y de manera gradual. Paralelamente, hay otro enfoque de dicha filosofía aplicada por los países europeos del Occidente y del Norte durante la segunda mitad del siglo XX, como la forma de política de un régimen que involucra un estado de bienestar universal y esquemas de negociación colectiva dentro de una estructura económica capitalista.

Los social demócratas aseveran que la única forma de gobierno aceptable y constitucional es la democracia representativa. Este sistema apoya una economía mixta que se opone a los excesos del capitalismo tales como la inequidad, la pobreza y la opresión. Qué casualidad que el marxismo ofrece los mismos frutos. Interesante, ¿por qué cree usted que esto ocurre?

La política social democrática incluye la defensa universal de los derechos de los individuos para el acceso a los servicios públicos tales como la educación, la salud, la compensación del trabajador y otros servicios considerando el cuido de los niños y de los ancianos. Está conectada con el movimiento sindical laboral y soporta los derechos de la negociación colectiva para los trabajadores.

La mayoría de los partidos social democráticos están afiliados al movimiento Socialista Internacional.

La Social democracia se originó en el siglo 19 en Alemania bajo la influencia del socialismo reformista de Ferdinand Lassalle, como del socialismo revolucionario internacionalista promulgado por Karl Marx y Friedrich Engels. Es decir su fundamento sigue siendo el "marxismo-leninismo".

Posteriormente, Edward Bernstein conjugó los dos enfoques anteriores para defender la tesis evolucionaria del socialismo. Él se opuso al clásico y ortodoxo paradigma del marxismo que incluye la necesidad de la revolución socialista y conflicto de clases, proclamando que el socialismo puede ser logrado a través de una democracia representativa y cooperativa entre la gente, indiferentemente de su clase social (tendencia de Europa Occidental).

La Democracia Social a inicios del siglo XX comenzó su transición de alejarse del marxismo hacia el socialismo liberal, particularmente a través de la influencia de figuras tales como Carlo Roselli, quién promulgó una tercera vía desarrollada en los años noventa. A esta facción la han identificado como movimiento Neoliberal.

Noruega y los países nórdicos son ejemplo de un buen *socialismo democrático quienes entienden que el éxito económico y social dependen de la creatividad y de la energía de las empresas privadas para motorizar la economía, estimulándolas a invertir, a pesar de que tienen que pagar un impuesto de alrededor de 35% de sus ganancia. Estos gobiernos los invierten con ética y profesionalismo en la sociedad para lograr una excelente infraestructura, educación y servicio médico considerando a los más necesitados (equidad).*

Es de indicar que el gobierno de Noruega emplea alrededor de 30% del total de los trabajadores de la nación, además su enfoque es abrirse a las nuevas tecnologías, a la globalización y a la competencia, teniendo actitud adaptable y flexible ante los cambios.

La fórmula de esos gobiernos nórdicos es que son liderados por gente ética (por lo menos en su mayoría), el clima frío los obliga a cultivar el hábito del trabajo y del esfuerzo como de la unión; adicionalmente, se enfocan en lograr un sistema de gestión de justicia eficaz. Todos estos factores coadyuvan a lograr un buen funcionamiento de su supra sistema nacional (apuntando a la eficacia y a la equidad).

2.5.2 Socialismo (E)

Según la Real Academia Española el socialismo es definido como: 1. m. Sistema de organización social y económico basado en la propiedad y administración colectiva o estatal de los medios de producción y en la regulación por el Estado de las actividades económicas y sociales como la distribución de los bienes.
La teoría filosófica y política (marxista) proveniente del filósofo alemán Karl Marx, que desarrolla y radicaliza los principios del socialismo.

Según Marx la república socialista es una "dictadura del proletariado / trabajador"; mientras que en una república capitalista la "dictadura es de la burguesía", término de origen francés (*bourgeoisie*) que se usó inicialmente para identificar a la clase social compuesta por los habitantes de los "burgos", cuyas funciones socioeconómicas eran las de mercaderes, artesanos o ejercientes de las denominadas profesiones liberales (emprendedores).

Una República socialista es gobernada por los principios del marxismo y a la vez normalmente dominada por un partido socialista o comunista. Usualmente, están enfocados en una economía centralizada de gobierno.

2.5.3 Comunismo (E)

Comenzamos con su definición que según la Real Academia Española es: 1. m. Doctrina que propugna una organización social en que los bienes son propiedad común.

Tanto el comunismo como el socialismo se basan en el marxismo, para diferenciarlas de una manera sencilla se podría decir que el socialismo es marxismo "ligero"; mientras que el comunismo es marxismo "pesado".

En el primero hay respeto a la propiedad privada y al mercado libre como es el caso de Noruega; en el segundo no hay respeto ni a la propiedad privada ni a las personas ni al mercado libre, como es el caso de Rusia y Cuba.

2.5.3.1 Efectos

El término capitalista es un concepto originado por el pensamiento marxista. Es importante indicar que el capital es requerido como combustible para mover el motor de cualquier economía de una Nación para satisfacer las necesidades de las familias.

Muchos líderes socialistas en el país con tendencia marxista denigran el capitalismo pero no se dan cuenta o no quieren aceptar que el capital es necesario tanto para los socialistas/ comunistas como para los liberales. Sin ello no se pueden cerrar los contratos para hacer puentes, ni hospitales, ni escuelas. Más aún, la tendencia actual de la globalización muestra un gran flujo de bienes y servicios entre naciones tomando como referencia el dólar estadounidense, inclusive los chinos hacen transacciones con esta moneda.

Los gobernantes del sistema comunista son los únicos capitalistas de esos regímenes (Estado capitalista), ya que los altos funcionarios del gobierno tienen el poder y el acceso al capital y de manera egoísta y deshonesta lo toman para uso personal.

La historia ha demostrado que su gestión muy controladora ha dado como frutos baja calidad de gestión, baja productividad y poca innovación.

2.6 Desigualdad Social (E)

Bolívar a pesar de haber libertado al país, no pudo consolidar su unión. Una de las razones de ello es que la desigualdad social se mantuvo y aún se mantiene como una enfermedad crónica de nuestra sociedad.

Un escritor y futurista estadounidense llamado Alvin Toeffler una vez indicó: Si un mundo dividido entre pobres y ricos es una injusticia, un mundo dividido entre educados e ignorantes es una tragedia". Esto es lo que estamos viviendo en Venezuela (2016).

Para manejar cifras y hechos sobre la desigualdad social mundial, esta es medida a través del índice de GINI, ver figura 2.3, cuyos valores fueron publicados por el banco mundial en julio 2014.

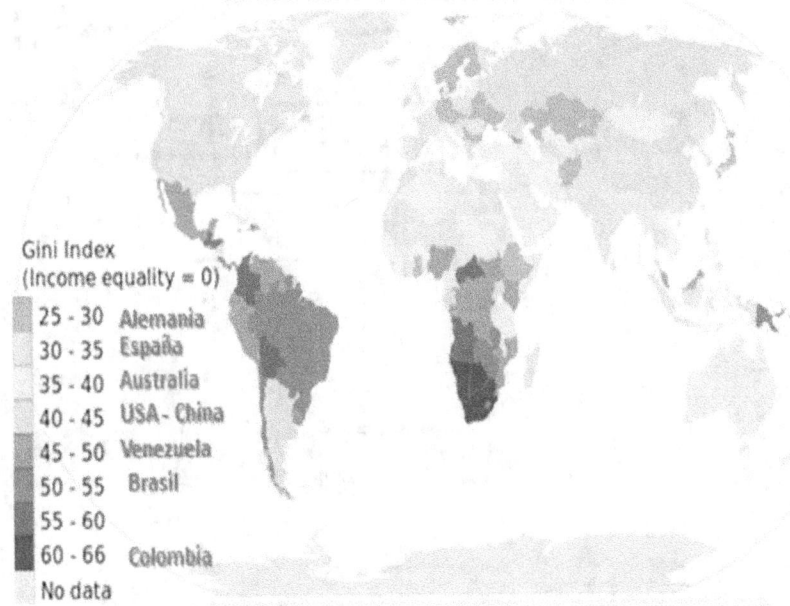

Índice de GINI de Vzla. peor que USA.
Datos del Banco Mundial de Julio 2014:

Fig. 2.3

Dicho índice es una medida de la inequidad social. Para darle una idea, una nación donde un individuo obtiene toda la entrada y los demás no, el índice en este caso es de 100. Así pues si el índice es alto, entonces la inequidad en el ingreso entre las personas es alta. Por el contrario, si el índice es bajo; entonces la nación es más equitativa en distribuir las entradas de dinero entre todas las personas.

Para interpretar con mayor facilidad la tabla, coloqué a un país representativo en cada rango de la

Escala. Así Colombia tiene alta desigualdad; en términos medio está EUA (liberal)- China (marxista) y Alemania como más igualitario (liberal).

2.6.1 Desigualdad Social (C)

Este problema crónico de la sociedad ha convivido con nosotros desde hace muchas generaciones, teniendo varias causas personales e institucionales que confluyen para dicho efecto.

En la figura 2.4, se muestra modelo que intenta de explicar de manera gráfica las causas que interactúan e influyen en la desigualdad social.

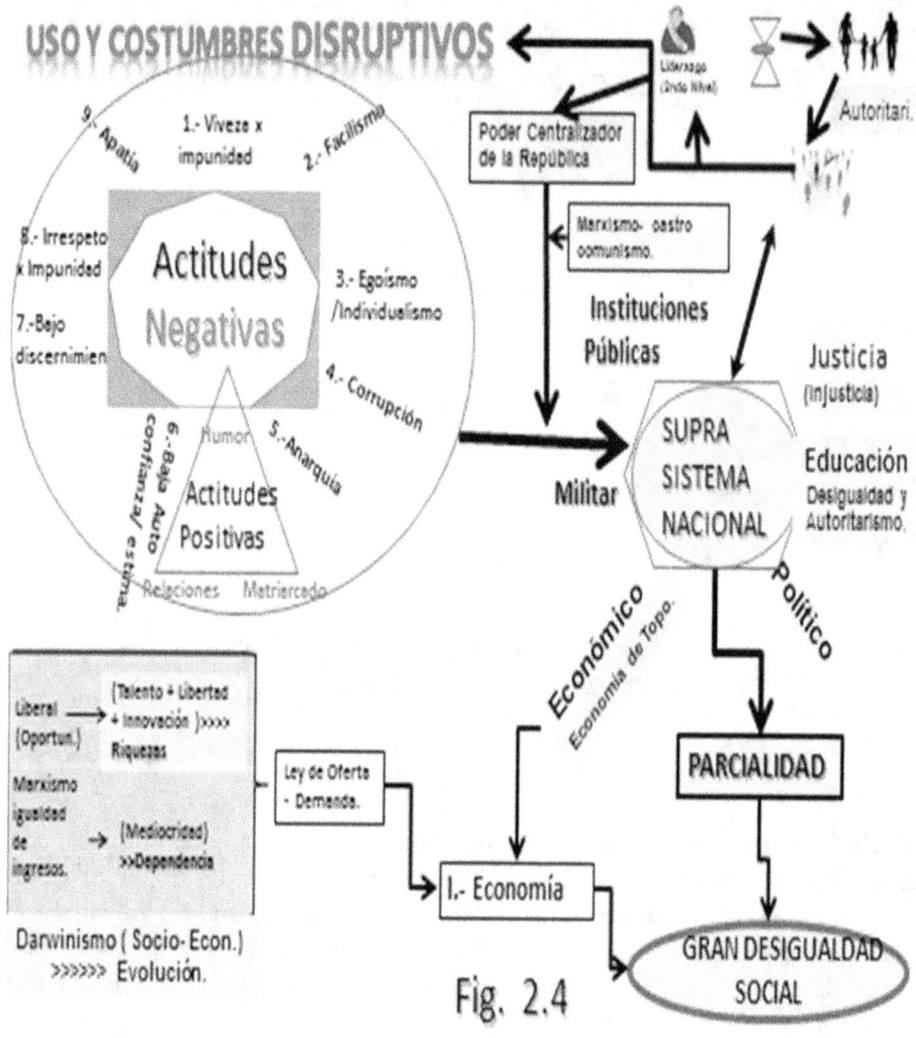

Fig. 2.4

Esta es consecuencia de la "parcialidad" del supra sistema nacional (hexágono) sobre el ciudadano como de la economía que segrega los ingresos de los individuos de acuerdo a su rol en la escala de oferta- demanda.

La parcialidad del supra sistema nacional surge de la influencia del poder centralizador de la República y del "uso y costumbres disruptivos" de la sociedad, ésta ilustrado como un óvalo que incluye a una figura geométrica de 9 lados llamado nonecahedro que señala 9 actitudes negativas como el egoísmo, la viveza criolla y otras, también se muestra un triángulo con 3 actitudes positivas como son el humor, la facilidad de relacionarnos y el matriarcado.

La semilla de todo lo anterior radica en el seno familiar (esquina derecha de la figura) que usa estilo de "autoritarismo".

El factor de la economía que genera desigualdad social deriva de la desigualdad de ingresos (según valor agregado) y meritocracia que proviene a su vez de la ley de la Oferta vs Demanda.

Así pues esta desigualdad de ingresos proviene de la desigualdad de competencias que a su vez pudiese ser debido a la educación como a la falta de transparencia en el supra sistema nacional.

Según la teoría del Darwinismo social, que indica que el liberalismo (mercado libre) es una forma natural de originar las fuerzas de la competencia para la evolución social ya que permite la libertad de los talentos para innovar y generar riquezas; el marxismo apunta a la igualdad de ingresos, no incentiva a la competencia ni a la mejora continua, de esta forma anima a los individuos a ser mediocres y dependientes de las Instituciones del Estado, de esta forma retrasando la evolución social.

Voy a ilustrar lo anterior con un ejemplo, la importancia del liderazgo e individualismo sobre su efecto positivo o negativo en la historia, para ello tomaré el ejemplo de Henry Ford (30 de julio de 1863 al 7 de abril de 1947). Fue el fundador de la compañía Ford Motor Company y el padre de las cadenas de producción modernas utilizadas para la producción en masa.

Una vez dijo que si se hubiese llevado por las sugerencias del pueblo entonces hubiese mejorado el carruaje tirado por caballos en vez de haber fabricado carros (innovación). Se dejó llevar por su espíritu emprendedor, su intuición, su creatividad y su tenacidad para producir. ¡Qué diferencia entre lo que el pueblo recomendaba y lo que él logró!

La libertad es el verdadero motor de la evolución humana.

Así pues la chispa de la innovación humana en libertad nace de un individuo que puede estar por encima de la mayoría y transformar al mundo.

Regresando al concepto de la desigualdad social, he aplicado una poderosa herramienta para identificar sus causas, la cual es denominada los 5 por qués he identificado dichas causas y algunas de ellas coinciden con las ya mencionadas anteriormente. Estas son:

a)   La irresponsabilidad (en muchas ocasiones) no es sancionada por el supra sistema.

b)   El clima tropical con dos periodos es poco severo y exigente hacia la persona.

c)   Nuestra cultura avala y desarrolla el "autoritarismo".

d)   La alta dependencia del país de las divisas que provienen de la explotación de los recursos naturales.

e)   La corrupción e injusticias con impunidad.

f)   El sistema educativo politizado.

g)   La ambición de poder y alto egoísmo.

Las dogmas políticos no han sido solución a este problema, a continuación propongo soluciones para cada uno de los conceptos anteriores:

a)   En el subcapítulo 2.9.1 del tomo I, se comenta sobre la actitud no disciplinada y poca metódica originada por la actitud de "irresponsabilidad", alimentada desde hace varias generaciones por el machismo y la impunidad en el supra sistema nacional.

b)   El clima es un factor de menor relevancia en la desigualdad; sin embargo, lo tomo en cuenta; ya que el clima tropical es más amigable que los climas templados con temperaturas extremas. Así pues el clima tropical no es tan exigente como el otro, induciendo a las personas a no habituarse al esfuerzo ni a la disciplina, siendo propensos a la anarquía, según capítulo 2.9 del tomo I.

c)   En nuestra historia republicana más de 60% de nuestros líderes sociales han sido militares y muchos de ellos caudillos (déspotas). Así pues este gusto socio- cultural por el autoritarismo proviene desde la colonia y sus causas están tratadas arriba.

d)   La economía no ha sido diversificada, más bien nos hemos conformado de vivir de las rentas de la explotación de los recursos naturales esto es un uso y costumbre desde la Colonia. En el capítulo 2 del tomo I se dan estrategias para la transformación personal y el capítulo 3 propone conceptos para incrementar nuestra producción nacional con valor agregado inclusive con el potencial para exportar.

La corrupción como la injusticia desplegada a todo nivel nacional proviene de la ineficacia y la parcialidad del sistema de gestión de Justicia analizado en el subcapítulo 1.2.

e)   El sistema educativo nacional está politizado dificultando ente otras cosas, colocar a los mejores en los cargos más influyentes (meritocracia); disminuyendo la calidad de la educación. En el subcapítulo 2.7.3 del tomo I, se comenta el contexto de esta situación y las propuestas de mejoras al sistema de gestión en la educación.

f)   Actitudes egoístas provienen del cerebro "reptil" o límbico, que ha sido útil al ser humano para sobrevivir en un entorno agresivo. Sin embargo, en el sub capítulo 2.9.4 del tomo I se proponen estrategias para controlar y disminuir nuestro egoísmo natural para convivir mejor con los demás.

2.6.2 Desigualdad Social (P)

La figura 2.5 indica la disminución de la desigualdad social (índice de Gini) luego de aplicarse el impuesto sobre la renta en el caso del Reino Unido. Es de indicar que ellos para el 2015 tienen 3 rangos de porcentaje de impuestos, para salario mínimo 20%, para salario alto 40% y para salario con un monto por encima del máximo de la tabla, pagan 45% de impuesto.

Disminución de la desigualdad social (coeficiente de Gini) con el impuesto.

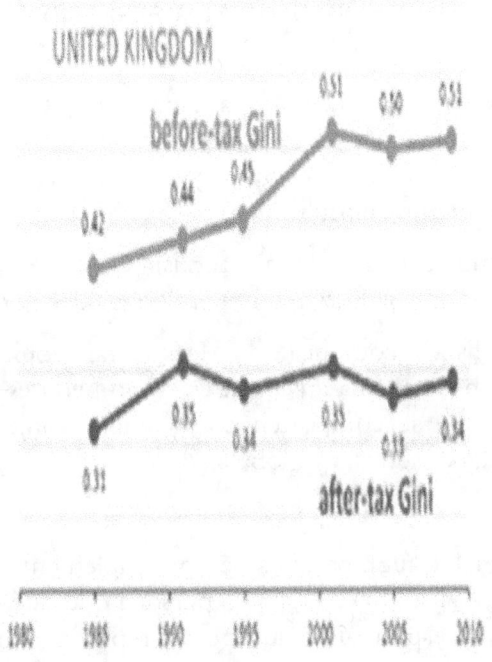

Fig. 2.5

Así pues, la desigualdad de ingresos (GINI) es disminuida luego de la aplicación del Impuesto sobre la Renta. Los ciudadanos están consciente de que su gobierno usará estas entradas con buen criterio para el mantenimiento y mejora de su supra sistema nacional operado de manera ética. De esta forma, logrando una buena calidad de vida y ayudando a los más necesitados.

Para el caso de Venezuela, las propuestas para disminuir la desigualdad social y a la vez aumentar la calidad de vida de las personas deben enfocarse en atacar las causas raíces indicadas anteriormente

Finalmente, insisto una vez más que la solución para disminuir la desigualdad social no ha sido ni será el adoctrinamiento político (fanatismo) apoyándose en el sentimentalismo.

La verdad es que la solución provendrá de enfocarnos en los aspectos económicos que ayudarán a elevar el nivel de consciencia y de la calidad de vida de todas las personas. En ese orden de ideas, a pesar de que habrá diferencias de ingresos de acuerdo a la meritocracia; esta diferencia se disminuirá con la aplicación equitativa del impuesto sobre la renta, con actuación moral del gobierno disminuyendo así la corrupción; por lo que fluirán los recursos a los sistemas vitales del país tales como al educativo y a los más necesitados.

2.7 Suposiciones en que se basa el marxismo (C)

Según Carlos Marx el comunismo es la meta final del sistema socialista que en teoría busca concibir un sistema socio-económico, cuyas propiedades y distribución de las riquezas sean común y controladas por la comunidad a través del Estado (gobierno centralizador).

Para muchos comunistas la doctrina marxista es como una religión que los engancha porque proclama la lucha contra la desigualdad social.

La doctrina socialista / comunista de Marx es tan bonita que se convierte en utopía. Permítanme usar una analogía: es como pedirles a las personas y a sus líderes sociales que se comporten como unos monjes budistas en una sociedad materialista, consumista y globalizada;

Por otro lado, en los últimos años se han implementado tácticas castro-comunistas para eliminar todo concepto o persona que esté en contra de ellos, inclusive en el aspecto espiritual, dando por ejemplo, mayor importancia a su líder que al mismo Dios Eterno.

2.7.1 La felicidad (C)

La felicidad es un estado de ánimo que se produce en la persona cuando cree haber alcanzado una meta deseada. La satisfacción interna y alegría originadas de emociones positivas o placenteras propician una paz interior.

Somos más felices cuando los demás nos aceptan y nos enaltecen, ya que alimentan tanto a nuestro ego como autoestima, según el modelo del subcapítulo 2.5 del tomo I, esto corresponde al 3er nivel de conciencia.

Es mi forma de pensar que la felicidad es complementaria al sufrimiento; si no existe este último, no se podra reconocer ni apreciar el primero, ambos co-existen como el día y la noche, la luz y la oscuridad, el Yin y el Yan.

Una empresa internacional llamada Gallup, hizo una encuesta sobre el nivel de felicidad percibido por habitantes de 180 países y encontró que los latinos ocupaban 17 puestos de los 25 primeros y que Costa Rica era el país más feliz de la tierra, siguiéndole algunos países del caribe incluyendo a Venezuela.

Esto tiene que ver con gente que nos hace sentir que nos quiere, contar con un buen ambiente de trabajo, reir y que alguién le haya dicho que nos ama. ¡Este criterio es altamente emocional!

Así que el concepto de felicidad tiene mucha carga emocional y, en cierto grado, se divorcia del contexto económico y de la calidad de vida colectiva es decir de los aspectos tangibles del sistema nacional.

De acuerdo con la cultura budista, la paz interior es la característica principal de la felicidad según el Dalai Lama (*2.1) y esta se logra evitando o sobreponiéndose al sufrimiento.

Para los budistas hay 4 principios para vencer el sufrimiento, estos son llamados las 4 Nobles Verdades:

1.- La vida incluye sufrimiento- insatisfacción- descontento

2.- El origen del sufrimiento es el anhelo (deseo)

3.- El sufrimiento puede extinguirse cuando se extinga su causa (el deseo).

4.- El noble camino es el método (como la meditación) para extinguir el sufrimiento.

En contraposición, el criterio occidental dado por ejemplo por un reconocido psióologo fundador de la psicología positiva en EEUU, el doctor Martin Seligman (*2.2), quien señaló 5 aspectos para lograr la felicidad

1.- Placer físico(comida sabrosa, baños, entre otros)

2.- Compromiso (asumido como una actividad retadora y a la vez disfrutada)

3.- Relaciones (la sociabilización ha demostrado ser un indicador confiable de la felicidad).

4.- Significado (pertenecer a un grupo para hacer algo mas grande que transcienda).

5.- Logro (haber alcanzado las metas tangibles)

Por lo antes dicho, de acuerdo a la cultura oriental un monje budista puede ser uno de los seres humanos más felices del mundo; pero para mí es muy egoísta porque piensa para sí mismo, no aspirando a metas, evitando con ello esfuerzos y sufrimientos que podrían dar frutos a mejoras tangibles a la humanidad. Más bien me siento más cómodo con las premisas del doctor M. Seligman: al final de nuestras vidas, posiblemente hayamos contribuido a dejar un mejor mundo.

Ya que somos seres espirituales, al descubrir nuestra misión de vida, cualquiera que sea y que nuestro corazón dictamine, nos daremos cuenta de que en la mayoría de los casos el fin último de nuestras vidas es de servir a los demás. Está por encima del mero disfrute de la felicidad personal, que es efímera.

Para terminar, hay un aforismo popular que dice que "si quieres ser feliz…".

.- Por una hora, toma una siesta.

.- Por un día, ve a pescar.

.- Por un mes, cásate y verás.

.- Por un año, obtienes una herencia

.- Por una vida, ayuda a alguién.

Por otro lado, la doctrina marxista asume que su sistema de República logra la felicidad de todos; sin embargo, los resultados de encuesta hecha a más de 10.000 personas adultas alrededor del mundo, ver figura 2.6, más abajo, sacado del libro *Authentic Happiness* (*2.2).

Índice por Nación de satisfacción de vida y de su relativo poder adquisitivo.

Nación	Satisfacción de la Vida.	Poder de adquisición
Rusia	3,37	27
Hungría	6,03	25
Japón	6,53	87
Corea Sur	6,69	39
Portugal	7,07	44
España	7,15	57
Alemania	7,22	89
Argentina	7,25	25
China	7,29	9
Italia	7,30	77
Brasil	7,38	23
Chile	7,55	35
USA	7,73	100
Canadá	7,89	85
Suiza	8,36	96

Fig. 2.6

Dicho estudio muestra que los países que pertenecieron al extinto bloque comunista de Europa tales como Rusia y Hungría (con poca libertad) tuvieron los más bajos índices de satisfacción de vida, a pesar de tener un relativo mediano poder adquisitivo.

Mientras que los países como EEUU; Canada e Suiza **(países federales)** muestran los mayores índices de satisfacción de vida como también los más altos índices de poder adquisitivo teniendo como referencia a EEUU con 100%.

Así pues podemos inferir que tanto la libertad como el nivel relativo de poder adquisitivo son factores relevantes parà lograr alto índice de placer o felicidad (satisfacción de la vida) en los países.

2.7.2 Las riquezas (C)

Finalmente, otra creencia arraigada del marxismo es que todos tienen derecho a las riquezas de la tierra y las ganancias de las empresas del Estado. La realidad es que la mayoria de estas empresas dan pérdidas, no son autosostenibles por ser poco productivas, sus empleados reciben bajo salario, el gobierno que es su patrono no les confiere la libertad para discutir sus contratos colectivos, entre otros.

Es un craso error de muchos confundir los recursos naturales con la riquezas. La riqueza es la transformación de los recursos naturales con respeto tanto a la sociedad como a la naturaleza.

La mera entrada al país de dólares debido a la renta petrolera y a la explotación de otros recursos naturales como el oro y el diamante origina dinero fácil (renta), pero eso no es riqueza; ya que no eleva la calidad de vida de manera sostenible de las personas y de sus familias.

Las riquezas se logran con esfuerzo, creatividad, integridad, brindando valor agregado a la sociedad, todo lo anterior bajo el marco de la libertad como se ha indicado en el capítulo 3 del tomo I

Para ilustrar el concepto de facilismo viviendo de las rentas, esto lo ilustro con una metáfora: si una persona del campo por cuestión de la vida descubre oro en su terreno y hace contrato con una empresa transnacional que maneja en su cadena de valor la explotación, la refinación, la aleación, la orfebrería (valor agregado) y la distribución de este oro trabajado a usuarios finales para sacarle el mayor provecho y rentabilidad.

Por desconocimiento y facilismo dicho campesino simplemente hace contrato de arrendamiento de su tierra y pide un porcentage de las divisas de las ventas del oro bruto extraído (capitalismo).

La compañía transnacional gana mucho dinero pero también hace muchos esfuerzos, contrata a muchas personas, mejora su tecnología con inversiones.

Mientras, el campesino vive su vida de manera simple aportando muy poco valor a la sociedad, ya que no está obligado a crear valor; lo que hace entra al campo del comercio ampliando su actividad económica, en el cual las divisas recibidas de manera fácil, las usa para importar bienes y servicios para revenderlas o hacer trueque con ellas, brindando así poco valor agregado a la sociedad.

Llevando esta historia a la realidad, el campesino realmente es el Gobierno Nacional que a pesar de estar adoctrinado por esquema marxista le interesa vivir de la economía rentista (capitalista). ¡Qué incogruencia a su doctrina!

Para reforzar lo anterior, el Dr. Edwards Deming), quien fue el maestro de los japoneses para hacer la calidad, indicó que las riquezas de la nación, más que de los recursos naturales dependen de:

.- Su gente preparada en libertad y con calidad para desarrollar su potencial y ser útil innovando para agregar valor a la sociedad.

En ese orden de ideas, la innovación es hija de la Libertad para ello debemos darle chance a las personas para que estas usen sus diferentes habilidades, capacidades, vida familiar, educación y esperanzas.

El buen líder o gerente (social) sabrá guiarlos para que estos logren sus objetivos.

.- La gerencia (bien preparada y con alta competencia) presente en los diferentes sectores de la economía privada y pública.

.- El gobierno (según mi análisis es responsable de 66% de la calidad de vida de las familias del país), este debe ser capaz y equitativo ante todas las clases sociales.

2.8 Objetivos que persiguen los comunistas en el país (C)

Uno de los objetivos es de mantener el poder centralizado a toda costa, mediante el uso de tácticas de control, sobre las instituciones y las personas en estas últimas inculca la doctrina marxista y el miedo

El adoctrinamiento político también busca "robotizar" o lograr fanáticos a la doctrina marxista, distorsionando sus percepciones e inculpando a los otros, de manera irresponsable de los problemas y fallas del país (efecto espejo) todo esto con el propósito de no mostrar a la ciudadanía su incompetencia. ¿Cómo se puede resolver un problema si no se reconoce este en primera instancia?

El otro objetivo que persiguen los líderes de la revolución es usar los recursos del petrodólar de Venezuela, con el fin de exportar el "marxismo" vía soborno a las Américas, usando las recetas y tácticas del castro —comunismo de Cuba y Rusia aplicadas en Venezuela. Estas tácticas son de orden psicológico, económico, militar e inclusive espiritual según se explicará más abajo.

2.9 Estrategias castro-ruso comunistas usadas por el gobierno (C)

Es mi forma de pensar que el castro-ruso comunismo (marxismo-leninismo) ha estado infiltrado en el país antes de Chávez, pero su influencia en la sociedad ha crecido porque esta lo ha permitido al haberse alejado de Dios entregándose al materialismo, al facilismo, al conformismo, egoísmo, consumismo, a los antivalores como la mentira; también teniendo la falsa creencia de que podemos tener calidad de vida simplemente viviendo de las rentas de los recursos naturales.

Tristemente, el comunismo usa tácticas con el fin de enganchar adeptos a su doctrina usando tácticas basadas en los antivalores (contrarios a los preceptos de Dios), como también usando tácticas de psicoterror y distorsionar la percepción de la "verdad" desinformando a las personas a través del control de los medios de información.

Una de las estrategias de Chávez fue cautivar a los pobres en los barrios, al darles algunos alivios a sus dolores y a otros esperanzas para mejorar su calidad de vida. Pero a mi forma de pensar, su propósito era cautivar adeptos a su revolución (fanatismo) con enfoque marxista basado en el modelo comunista cubano- ruso; creando a la vez clima de conflictos interno e internacional como si Venezuela estuviera en una guerra fría con EUA. Ilustro esta apreciación con la condecoración que la Asamblea Nacional Venezolana (2015) le otorgó a 4 espías cubanos liberados por EEUU.

Cuando las personas se vuelven fanáticas estas son inflexibles para comparar otros puntos de vistas, desencadenando en conflictos; ya que tienen poca habilidad de discernimiento para comparar y analizar diferentes puntos de vistas.

Una de las técnicas psicológicas de engañar el cerebro en pro del fanatismo es planteando el contexto de la situación de manera ambigua, por ejemplo, supongamos la siguiente figura 2.7

Figura ambigua, Caballo o Foca.

Fig. 2.7

La figura se destaca la cabeza de un caballo o el cuerpo de una foca, las dos son correctas. Así pues dependiendo del carácter, la personalidad y el talento este pude ser interpretado en cualquiera de las dos formas.

Así pues en la vida real se presentan situaciones ambiguas en las cuales cualquiera de las dos maneras puede ser válida ante el observador.

Así pues el poder del contexto (forzado por la situación) afecta la percepción, un ejemplo, de ello, unos psicólogos en un estudio pusieron a una chica a entrevistar a 16 chicos en un puente con baja altura, luego ella recibió 2 llamadas de cortesía de ellos. En otra oportunidad, ella entrevistó a 16 chicos más pero en un puente colgante (más riesgoso). Luego recibió 9 llamadas de ellos. ¡El contexto (riesgo) influyó sobre la percepción de belleza de los chicos!

El uso de lenguaje poético dado por los Marxistas dentro de un contexto de amedrentamiento estimula a convencer a los adeptos a su doctrina hacia el fanatismo de dicha doctrina.

Es de indicar que la "ambigüedad" en la percepción abre la puerta a la "categorización" que es una tendencia natural de nuestro cerebro a segregar o prejuiciar . Si la persona no está cultivada, tendrá una mente inflexible, por lo tanto, será presa fácil a convertirse en fanática.

Las estrategias principales que ha usado la inteligencia cubana (G-2), como cualquier otra inteligencia internacional, se han basado en 5 ámbitos de trabajo:

a) Colección de datos por ejemplo, Saime, Internet (Cantv), Diplomáticos, Militar, otros, para analizarlas y aplicar inteligencia de acción al respecto.

b) Acción política con aliados como Rusia.

c) Operaciones especiales como asesinatos a personas peligrosas al gobierno, sabotajes, preparación de paramilitares como los Tupamaruc. Han adiestrado en armas a personas de los ámbitos cívico y militar como adoctrinándolas y formándolas en el arte de la oratoria y el marxismo.

d) Aplicación de psicología a la ciudadanía para distorsionar su percepción usando los medio de información.

e) Intervención de las redes sociales apoyándose en Tecnología de Informatica y otros.

En la figura 2.8, se muestra esquema usado por el castro comunismo para lograr el control del país, pueden apreciar que desde Cuba se controla las instituciones tales como la Asamblea Nacional, las Fuerzas armadas, el TSJ, el CNE através del cuerpo de inteligencia G-2.

ESQUEMA CASTRO-COMUNISTA PARA LOGRAR CONTROL SOBRE EL PAÍS.

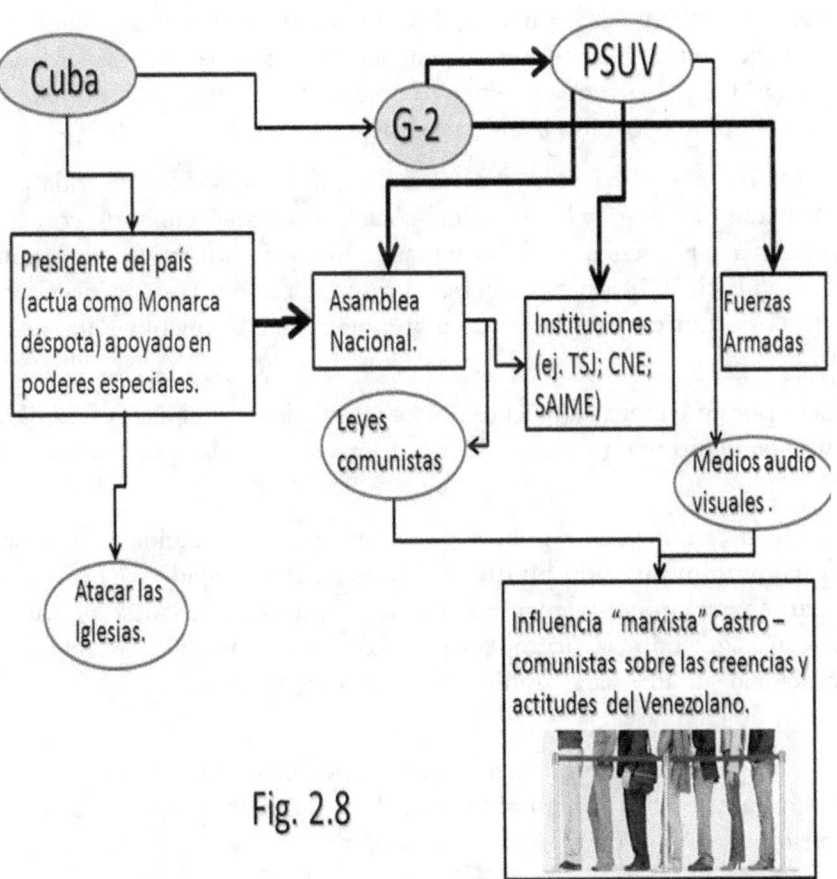

Fig. 2.8

Podría indicarle que he observado de manera interesante que algunas tácticas del gobierno de Chávez han sido de naturaleza militar y extraídas de las 36 estrategias chinas de guerra ver (*2.3).

Este expresidente usó varias de estas estrategias por ejemplo, la número 1 "Cruzar el mar confundiendo el cielo", en 1998 actuó como si fuese demócrata, luego al adquirir los poderes especiales (asesorado por Fidel) impuso las leyes socialistas-comunistas que la población había rechazado previamente por rotunda mayoría en referendum.

La estrategia 7 "Crear algo a partir de nada", crear el PSUV según directrices de Fidel para mantener el poder y control absoluto de la República.

La estrategia 14 "Recuperar un cadaver de entre los muertos", usar la figura de Bolívar como fuerza de unión nacionalista y colocar a Chávez como su homólogo.

Esta táctica de renacer la mistificación de los personajes de la independencia, especialmente la de Bolívar, con el fin de estimular el nacionalismo como fuerza de cohesión social hacia el líder Chávez.

Para lograr el efecto anterior, los gobiernos no enaltecen el gran rol histórico que tuvo el pueblo en la independencia; en la cual la verdades que "la libertad fue el logro de un esfuerzo colectivo (de muchos anónimos) y sin ellos no se hubiese logrado la independencia de los españoles".

La otra táctica usada con gran éxito ha sido la de sobornara toda persona como medio para lograr los fines del socialismo (estilo cubano), con nuestro propio dinero, proveniente de las rentas petroleras y así mantener hegemonía de ellos en las instituciones públicas. Al no poder sobornar; entonces recurren a tácticas de horror para atemorizar y amedrentar al pueblo Para su mayor control.

Es importante indicar que el temor es uno de los principales efectos de este amedrentamiento que proviene de la autocracia, forzándonos a negar quienes somos.

También es importante indicar que una estrategia incluida en el plan del castro-comunismo ha sido infiltrar cubanos en la sociedad cívico - militar del país para lograr progresivamente adeptos,sin que la sociedad se percate. Esto lo hacen siguiendo la fórmula que los socialistas- comunistas a nivel internacional usan para infiltrarse en otras sociedades democráticas, consistiendo en 5 fases:

1.- Escogen a miembros en las masas , por ejemplo, sindicalistas quienes hacen protestas. Ellos culpan al "imperialismo" , la burocracia capitalista y al feudalismo.

2.- Se autodenominan "demócratas " hacia el reformismo.

3.- De reformistas pasan a revolucionarios.

4.- A estos se les inculca leer libros comunistas para alinear sus sentimientos hacia el comunismo como una religión.

5.- Se convierten en comunistas completos (convicción) y miembros del partido comunista.

¡Todas estas fases la llevó a cabo Chavez en su mandato!

Para ilustrarles con otro ejemplo, las técnicas usadas por los comunistas-socialistas a nivel mundial voy a comentar el caso de China comunista que en el tiempo de Mao Zedong, líder de la revolución cultural comunista formó una "nueva clase" de opresores en su régimen usando como tácticas lo siguiente:

.- Anular las leyes democráticas

.- Adoctrinar al pueblo hacia el marxismo

.- Fomentar la violencia en las masas.

¿Ustedes no creen que algo parecido se ha visto en la revolución chavista? Es decir estos han usado tácticas cubana, china y rusa.

Otra táctica es incrementar la economía de "Topo" en la cual muchos funcionarios públicos (cívico-militar) ganan dinero fácil y a la vez atemorizan al pueblo. Así mismo se ha estrechado relaciones con redes de delincuencia internacional tales como narcotraficantes, terroristas y guerrilleros para ganar divisas.

2.9.1 Técnicas psicológicas para influir nuestro subconsciente (C)

Definición de la percepción

La percepción es un proceso mediante el cual una persona selecciona, organiza e interpreta los estímulos de sus cinco sentidos, para darle un significado a algo.

La percepción es tomada en cuenta por nuestro subconsciente que no solo interpreta datos sensoriales, si no que los enaltece.

A continuación se señalan dichas técnicas psicológicas orientadas a influir sobre la percepción del individuo:

A)   La búsqueda de la verdad

Como indicó el psicólogo Jonathan Haid, hay 2 maneras de lograr la verdad. De acuerdo a como lo hace el científico y como lo hace el abogado.

El científico recopila datos, evidencias, busca regularidades, forma teorías explicando sus observaciones y las ensaya.

Los abogados comienzan con una conclusión, ellos quieren convencer a otros de eso y buscan evidencias que lo soportan y atenta en desacreditar las evidencias que no se ajusten a su conclusión.

El cerebro del ser humano es diseñado para ser ambos, científico y abogado, un indagador consciente y objetivo hacia la verdad y el otro manejado por el subconsciente, defensor apasionado, por lo que queremos creer. Ambos enfoques crean nuestra vista del mundo.

B) <u>Reestructurar la memoria</u>

Esta técnica puede cambiar o distorsionar las creencias del individuo, por ejemplo, los beneficios de la libertad, el trabajo y los valores dados por las creencias democráticas liberales para lograr la calidad de vida son cambiados por las creencias marxistas del socialismo- comunismo con la solidaridad, la igualdad para lograr los beneficios de todos.

Esta técnica se basa en modificar los argumentos de la memoria del individuo de manera subliminal en su subconsciente, para así cambiar sus creencias y con ello su actuación.

Lo anterior lo ilustro con un ejemplo: se les pidió a varias personas que habían ido a Disneyland a temprana edad para que leyesen y pensaran acerca de un cartelón de publicidad (falsificado) de ese parque.

Este cartelón invitaba a las personas en cuestión a "imaginar como se sintieron cuando vieron por primera vez al conejo de la suerte con sus propios ojos, cercano a él... Su madre empujándolo entre la gente para que el conejo le diese la mano, esperando el momento para tomar una foto".

El conejo (Bugs Bunny), su ídolo está a pocos metros de distancia ...Su corazón se para y sus manos sudan.
¡Todo este argumento era una farsa!

Posteriormente, se le hace un cuestionario a las personas sujetas a este experimento, más de 25% reportó haberse reunido con el conejo de la suerte. De estos, 62% recordó estrecharle la mano. ¡Esto es una prueba clara de la manipulación del pensamiento de dichas personas!

Esto en realidad no ocurrió, ya que es casi imposible que el conejo de la suerte, figura de la empresa Warner Brothers vaya al parque de diversiones de Walt Disney. Esto sería como si el rey de Arabia saudita (musulmán), alojara a un líder judío importante en su palacio.

Este ejemplo, demuestra que si se falsifica la historia y se muestra esto por ejemplo en los medios de comunicación de manera manipulada a las personas con cierta frecuencia, estas cambiarán sus creencias en ese particular (a pesar de ser un fraude). Si se aplica en los primeros años de la infancia sus efectos serán más eficaces, esto es precisamente lo que está haciendo el gobierno para adoctrinar ideologicamente a los muchachos al marxismo y dogmas socialistas-comunistas.

Cuando se evalúan los datos relevantes de manera emocional, nuestro cerebro automáticamente incorpora nuestras querencias, sueños y deseos. Así pues, cuando creemos que nuestros análisis son objetivos como si fuesen de una computadora , en realidad no lo son.

C)   El Pensamiento motivado

Una persona politicamente sesgada o con interés oculto ve una situación diferente a como lo ve otra; tendemos a pensar que la persona está deliberadamente interpretando mal lo obvio para justificar sus políticas o intereses y así atraer ganancias personal.

Pero a través del "razonamiento motivado" cada lado de la discusión encuentra la manera para justificar su conclusión, desacreditando al otro; mientras mantiene su creencia de su propia objetividad. Esto me parece fanatismo que es fácil de lograr en el país; ya que nuestra cultura es oral y emocional.

Además, en nuestra cultura nos gusta colocar las situaciones en blanco y negro (cultura occidental), así pues las personas deshonestas, los ambiciosas y los diabólicos son enfrentados por héroes quienes actúan contrarios a las cualidades de los anteriores.

Pero la verdad es que los criminales y los ciudadanos "malos" están usualmente convencidos que están haciendo lo correcto.

D)   La Distorsión del campo de la realidad

Los líderes que han hecho cambios drásticos en su entorno como Steve Jobs (Apple) y Chávez (revolución chavista) se han apoyado en la "distorsión del campo de la realidad". Es decir que a pesar de que sus visiones o sueños estaban muy alejados de la realidad, ellos crearon y modificaron la realidad de acuerdo a como lo imaginaban; no obstante, de las dificultades que se enfrentaron, demostrando con ello un verdadero liderazgo y pasión hacia sus objetivos.

Con tantas barreras difíciles a sobrepasar en la vida, la naturaleza nos proveyó de recursos para crear una actitud no realista y floreada para superarlas, lo cual nos ayuda precisamente a lograrlas. Así pues todos tenemos esa capacidad pero pocos la Visión y el compromiso a trabajar por ello con pasión.

E)   Las Normas de grupo

Hay un axioma que dice "la necesidad para la aprobación social es mayor que la necesidad de estar correcto". Me imagino que esto proviene porque somos seres sociales que dependemos de los demás para sobrevivir ante un entorno agresivo.

Para ilustrar lo anterior, tendemos afiliarnos a un grupo de personas con similares intereses a los nuestros como por ejemplo, a un club social, colegio de ingenieros, PSUV, O MUD entre otros; los puntos de vista del grupo se internalizan en nuestros pensamientos y colorean la forma como percibimos el mundo. Esto los psicologos lo llaman "normas de grupo".

A cualquier grupo que pertenezcamos, percibimos a sus miembros como teniendo algo en común con nosotros.La experiencia compartida o identidad nos fomenta a ver a nuestro destino interconectado con el destino del grupo; por consiguiente, los éxitos y los fracasos del grupo lo percibiremos como nuestro.

En un estudio psicológico, lo anterior se validó con experimentos usando diferentes grupos o sectas con ideologías diferentes al dar sus apreciaciones sobre un tema dado, se pudo identificar que cada grupo tendía a convergir dentro de un estrecho rango de valores que lo denominaron "norma"; cada uno de ellos con diferente rangos, a pesar de evaluar el mismo contexto.

Por lo tanto podemos concluir que los miembros de un grupo apuntan o tienden en acordar criterios dentro de un rango de apreciación o "norma" como lo llaman los psicólogos.

F)   La técnica del Espejo

Otra técnica psicológica usada es la que he llamado la del "espejo", en la que se inculpa al otro, por algo que los primeros hacen. Por ejemplo, los del gobierno culpan a los opositores de ser saboteadores, mentirosos, fascitas, guerrilleros, entre otros, pero en realidad los primeros son los que han actuado de esa manera.

El gobierno ha inculpado a los opositores de la muerte de estudiantes durante las protestas pacíficas en febrero del 2014, inclusive indicando que los estudiantes tenían "mercenarios" infiltrados en sus filas. Mientras que la verdad evidenciada en las redes sociales es que el gobierno tenía mercenarios cubanos que estaban dirigiendo las filas de la Guardia Nacional, como también a motorizados armados quienes los llaman "colectivos" para atrapar y matar a estudiantes (desarmados) algunos por la cabeza y otros a sangre fría.

G)   Psicoadaptación

Este es un comportamiento poderoso del comportamiento humano, lo ilustraré con el comportamiento de las personas en las grandes colas para comprar artículos subsidiados de primera necesidad. Al inicio estas personas se molestarán y reclamarán por ser maltratadas; luego al pasar el tiempo, éstas se acostumbrarán a estas situaciones anómalas, nutriendo su conformismo y resignación, esto se denomina psico adaptación llegando a tal punto, de no molestarle más estas incomodidades.

H)   Amedrentar

Una de las tácticas psicológicas más poderosas es de amedrentar a las personas contrarias a su doctrina a través del miedo o temor atacándolas con la muerte, la tortura física y psicológica, las amenazas a la integridad física de sus familiares. Todo lo anterior actuando con una red de delincuentes en contra de las víctimas, con el fin de evitar posibles manifestaciones que lleven a rebeliones. Por ejemplo, en las protestas de los estudiantes en el 2014, el gobierno con la asesoría de los cubanos usó a la Guardia Nacional Bolivariana como ejecutora de sus tácticas, entre ellas la de seleccionar y segregar a los líderes estudiantiles en las manifestaciones, aislarlos para posteriormente torturarlos brutalmente.

Vale destacar que el dolor tiene dos componentes, uno el emocional y el otro el sensorial (físico). Por ejemplo, al encarcelar a alguien (privarlo de sus relaciones sociales) le ocasiona dolor emocional que lo lleva al dolor somático, acortándole su vida. Por ejemplo, el caso del alcalde de San Diego (Valencia), Enzo Scarano a quien le dio un accidente cardio vascular (ACV) durante su encarcelamiento.

Paralelamente, al homicidio de estos jóvenes estudiantes con impunidad en el 2014, algunos motorizados armados(colectivos) fueron muertos y cuyos sepelios fueron televisados y tratados con honores como si fuesen héroes, distorsionando la percepción del público en diferenciar entre el "bien" y el "mal".

Con esto también están buscando como beneficios, amedrentar al resto de los estudiantes y a la población para que no manifiesten ante el régimen actual.

Otro ejemplo, de la táctica del amedrentamiento fue mostrado en el caso de un guardaespalda cubano que golpeó al diputado Julio Borges (demócrata), quien tenía inmunidad parlamentaria para ese momento; esto ocurrió y fue filmado en las instalaciones de la Asamblea Nacional, a principios del 2013, pero quedó impune.

Aparte de las tácticas ya mencionadas, finalmente, quiero mencionarle otras 8 tácticas de persuasión usadas también en el país, para atraer y mantener adeptos a la doctrina marxista.

I)   8 Tácticas para controlar la mente

La persuación de manera coercitiva / limitadora se utiliza para ir progresivamente mermando el potencial de las personas y así alinearlas a la doctrina-tácticas respectivas de los líderes, esto se logra mediante la aplicación gradual de fuerzas psicológicas y físicas que producen ansiedad en las personas y la descomponen. Este es el verdadero objetivo de los marxistas- comunistas, a continuación se indican las 8 tácticas:

1.- El individuo está preparado para ser sugestionado, "ablandarlo" a través de hipnosis (repetición exacta y de actividades rutinarias), ejemplo, "las cadenas" através de los medios de información.

2.- Premios y castigos. Ejemplo, sobornos por un lado y amedrentamiento por el otro.

3.- Una "norma" de grupo es usualmente construida. Ejemplo, el acta de trabajo del PSUV.

4.- Esfuerzos hechos para desestabilizar y desgastar la consciencia básica de los sujetos, logrando control emocional, reinterpretando su historia de la vida y adoptando una nueva versión de causalidad. Ejemplo, el reenfoque de la historia del país haciendo énfasis en la figura del líder de la revolución.

5.- El uso de la humillación, la ansiedad y la confusión para atacar la auto confianza del individuo, enviandole a la vez mensajes para controlarlo. Ejemplo, el modelaje de la oratoria de los altos funcionarios cuando se refieren a los demócratas de la (MUD)

6.- La creencia sagrada es decir nuestro "doctrina" es la verdad como si fuese una religión. Ejemplo, el despliegue del marxismo como si fuese una religión inquebrantable.

7.- El lenguaje usando Programación Neuro Lingüística (PNL) cargado de términos que generan conflictos interno (del Yo) en la persona. Ejemplo, el lenguaje y palabras provenientes del castro comunismo, no usados anteriormente en la jerga del venezolano como el imperialismo, el fascismo, la guerra, entre otros.

8.- La salvación es solamente posible en unión del grupo. Ejemplo, todos alineados a los dictámenes del PSUV o de otra forma perecerán.

¿Alguna similitud con el comportamiento de los miembros de la revolución?

2.9.2 Control y manipulación de los Medios de Información (C)

No es usualmente por la fuerza de las armas que los comunistas destruyen a un país, es por la manipulación de la opinión pública hacia su punto de vista.

Les voy a echar un cuento de Rusia sobre el poder del control de los medios de comunicación, el caso en cuestión corresponde a una campaña política en 1998 para el cargo de Jefe de Gobierno de la República de Karelia (Rusia). En esta contienda en primera instancia estuvo el alcalde de la ciudad de Petrozavodsk (capital de dicha República) el señor Katanandov. Este señor había sido elegido varias veces de manera consecutiva por 8 años por su buena gestión. En dicha contienda electoral se enfrentaba al anterior Jefe de Gobierno de dicha República, el comunista Stepanov.

Los medios de comunicación (controlados por el gobierno), empezaron a difamar y a calumniar al Alcalde (Katanandov), además infiltraron a 150 personas en los diferentes círculos sociales de ese República tal como el militar, el familiar, las universidades , su fin era la de escuchar y a la vez de difundir falsas y calumniadoras noticias sobre dicho Alcalde, inclusive se le llegó a decir que era gay (ver *2.4)

¡La gente lo creyó!

Así pues el buen trabajo de 8 años en el servicio público y el amor que la gente le tenía a dicho alcalde, murió en solo 4 meses de campaña política.

La calumnia y la difamación son unas de las principales armas de los políticos comunistas rusos.

¿Alguna similitud con lo que sucede en Venezuela?

Otro ejemplo, de la falta de divulgación de la verdad es la entrada de decenas de miles de heridos por balas a los hospitales anualmente, sin divulgarse la verdad o cifras verdaderas de los hechos reales sobre el particular.

¿Cómo se van a corregir los problemas del país, si los gerentes sociales quienes tienen los recursos, no quieren reconocer estos problemas, en primera instancia?

Por otro lado, los mensajes dogmáticos que se transmiten en los medios en cadena nacional tienen el propósito de distorsionar la percepción de los individuos hacia el chavismo (socialismo-comunismo) usando psicología cognoscitiva, mediante cambios en la semántica del lenguaje (manipulación de palabras) acompañándolas con tácticas psicológicas. Por ejemplo, usando las mentiras con ingrediente emocional, distorsionando la información, ocultando las evidencias o diciendo medias verdades, que es igual a decir mentiras, las cuales son divulgadas en cadena nacional, sin derecho a réplica por los afectados. Esta estrategia distorsiona la realidad (desinformación) de las personas confundiéndolas en diferenciar la verdad de lo falso.

Lo anterior lo ilustro con un ejemplo, se culpa a los pocos productores nacionales que quedan en el país por la alta inflación. No se le explica al pueblo el contexto verdadero de la situación que origina poca producción nacional, muchas de estas causas originadas por la guerra del gobierno contra los empresarios. Dado este deficit, el gobierno ha tenido que importar masivamente y endeudándose aún mas en lo externo como interno. Esta situación ha generado déficit de dólares para importar los requerimientos de la familias, ocasionando con ello desabastecimiento, inflación entre otras calamidades que estamos viviendo.

El colmo de las mentiras ha sido que se ha llegado a injuriar a personas por radio y televisión en cadena nacional y la persona afectada posteriormente ha desmentido con evidencias en las redes sociales la injuria, sin poder ésta aplicar la justicia, debido a que los poderes públicos están actualmente manipulados por el oficialismo.

Con respecto a las redes sociales estos gobiernos están usando varias tácticas para confundir a la población. Por ejemplo, en China pagan 50 centavos a los suscritores de Internet para que hagan comentarios positivos del gobierno, creando así desconfianza en la población, a todo lo que se dice en las redes. ¿Algo parecido no está pasando en el país?

2.9.3 La Economía (C)

Una de las tácticas más sublimes del marxismo- cubano-ruso en el país es destruir la economía privada digna y a los partidos políticos de la oposición, con el fin de que estos no puedan competir con fuerza contra el partido de gobierno que usa los recursos del Estado en las votaciones y así ellos (los comunistas) asegurar ganar las elecciones de manera "democrática", sin "réplica" e "irreversiblemente".

Dado el gran deterioro de la economía nacional , actualmente los jóvenes no ven la manera de tener una calidad de vida digna por lo que muchos de ellos están emigrando del país.

¿Queremos como venezolanos que esto siga sucediendo mermando con ello las fuerzas de cambio hacia la moral, el progreso según el gentilicio del venezolano?

¿A dónde llegaremos?

¿Lo permitiremos?

El Comunismo según Marx tiene como meta lograr una sociedad sin clases sociales, ni propiedad privada, de los medios de producción es decir la posesión común de los medios de producción. La macroeconomía es diseñada y basada en un gobierno centralizador de poder basado en el marxismo y traído al país por los cubanos con la experiencia e inteligencia de los rusos (ambos marxista comunistas), quienes no tienen economía libre, ni avanzada.

Este centralismo ha degenerado en acciones "populistas" con el fin de asegurar su estadía en el poder, originando desbalance económico y una inadecuada actitud facilista en gran cantidad de personas.

Este control centralizador podría ser directo o a través del colectivo popular, tales como los comités de trabajadores o indirecto, por el Estado, en representación de la gente.

Esto suena bonito pero en la realidad ¿Como se aspira a gerenciar óptimamente una empresa para ser competitiva, de calidad, innovadora y sostenible en el tiempo, donde las personas de mando, no tienen las competencias para ello? ¿Cree usted que será exitosa y sostenible?

Mi respuesta se la indico con este breve análisis: la calidad del gerente es primordial para el éxito de la empresa; así pues esto requiere de una buena selección del gerente según un perfil dado. Normalmente, una persona debe tener alrededor de 19 años de estudios académicos (de calidad) para lograr las competencias actitudinales, gerenciales y técnicas requeridas para su buena gestión.

Mientras que un trabajador raso que aspira a conformar el comité de dirección o gerencial de una empresa, normalmente podria tener de 11 a 14 años de estudio, aparte de no tener la motivación ni las competencias necesarias para el logro de los resultados. Finalmente , esto redunda en grandes errores gerenciales que dañan la sostenibilidad de la empresa.

Ahondando al respecto, puedo indicar lo siguiente, los gobiernos anteriores al chavismo como el de Carlos Andrés Pérez a finales de los años setenta (con filosofía social demócrata) hicieron similares proyectos socio – económicos en el país con cierta eficacia. Lamentablemente, al inicio de los ochenta gran parte de estas empresas de producción nacional se desmoronaron por la caída del precio petrolero, indicando con ello que muchas de estas, estaban subsidiadas por el petrodólar, no se les había dado las condiciones para tener buena competitividad y autosostenibilidad (generar sus propias divisas) en el mercado mundial. Considero que uno de los factores es que los gobiernos han usado trato "paternalistas"-"populistas" con enfoque de poder centralizador, no permitiendo el espontaneo desarrollo de la economía bajo un marco de verdadera libertad de emprendimiento, consenso basado en la integridad donde el rol del gobierno sea de auditor-facilitador y no de controlador.

Estos gobiernos centralizadores de poder han usado el paternalismo como vía para conquistar votantes en perjuicio del verdadero desarrollo del país. Lo ilustro con el siguiente ejemplo nacional, como ha sido el caso de Sidor (Siderúrgica del Orinoco).

Muchos sabemos que el sector industrial metalúrgico y metalmecánico nacional depende en gran manera de Sidor como su proveedor exclusivo de materia prima; por lo tanto, el rol de Sidor es vital para este importante segmento de la industria nacional.

Esta empresa estratégica ha estado bajo el poder del Estado por muchos años, por ejemplo, en el año 1985 con la presidencia de Carlos Andrés Pérez (social-democracia), el gobierno respetaba la propiedad privada y Sidor producía cerca de 3,0 millones de acero líquido por año con alrededor de 11000 trabajadores, según la figura 2.9 de abajo.

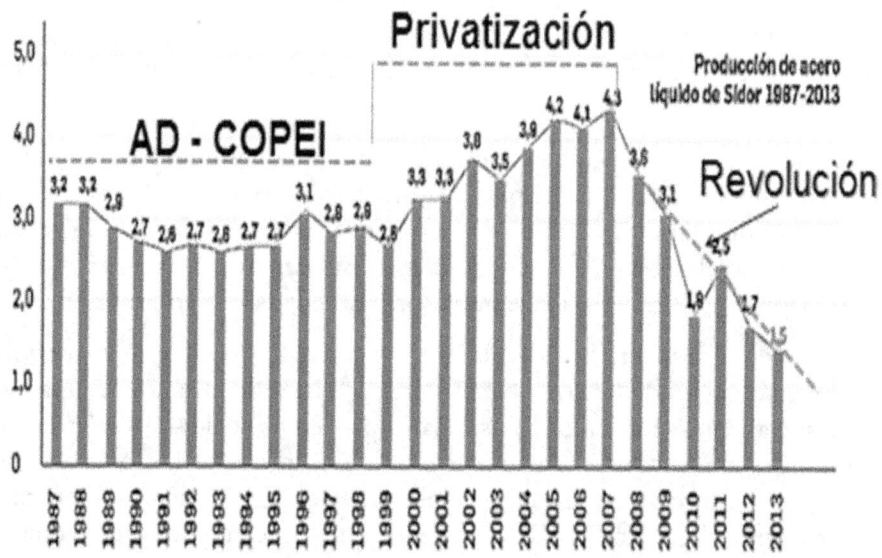

Fig. 2.9

Sidor fue privatizada en el año 1998; ya que el Estado no podía seguir subsidiándola, vendiéndola a grupo privado llamado Ternium con accionistas mexicanos- argentinos- brasileños- venezolanos, ofreciéndoles también acciones a los trabajadores de la empresa.

Esta empresa hizo un reajuste de personal llegando a trabajar con menos de la mitad de los 11000 trabajadores, sacando mayor producción hasta un tope de 4,3 millones de acero líquido para el año 2007 e inclusive invirtiendo en nueva tecnología, mejorando la competencias de sus gerentes y personal, con todo esto, logrando buena rentabilidad, vendiendo tanto en el mercado nacional como internacional y sus ganancias repartiéndolas a sus accionistas incluyendo a sus trabajadores.

Así pues dicha gestión privada fue auto-sostenible, confiable en las entregas, con calidad de productos a nivel nacional y de exportación y con precios competitivos; adicionalmente, sus trabajadores se beneficiaron del bono, por las ganancias de dicha empresa.

Posteriormente, alrededor del año 2008, Sidor fue expropiada por el gobierno (socialista) venezolano y desde aquel entonces ha ido disminuyendo su producción hasta tal punto que la producción en el 2013, fue de 36% del total que producía antes de ser tomada por el gobierno, teniendo un número superior a 13000 de trabajadores, con altas pérdidas financieras, bajo clima laboral y subsidiada por el gobierno central.

Para el 2014, los trabajadores de Sidor hicieron varias huelgas porque el patrono (Gobierno) no les pagaba según el contrato colectivo, esto es una manifestación de irrespeto al trabajador. En dichas huelgas, muchos de estos trabajadores fueron golpeados, otros detenidos y otros amedrentados. Todo lo anterior, no fue divulgado por los medios de información (controlados por el gobierno).

La anterior situación es irónica; ya que el actual gobierno como patrono no cumple con sus trabajadores (proletariado), aún peor maltratándolos de una manera indignante. Así pues la docrina marxista cae por el suelo con esta acción.

De lo anterior podemos concluir que tanto la gerencia del gobierno de Carlos A. Pérez (social-democracia) como la de Hugo Chávez (socialista/comunista), no lograron la auto sostenibilidad, ni prosperidad de esta empresa, ni de sus trabajadores.

¿Usted está de acuerdo a lo indicado arriba? ¿Hay alguna otra causa que usted considera que haya originado el fracaso económico y tecnológico de Sidor en ambos casos, chavismo y CAP?

Por el contrario los empresarios privados sí tienen que trabajar con pasión dando lo mejor de sí (su empresa les duele) y muchos trabajarán fuera de las horas normales por ella, para mantenerla rentable y con vida por el bien de ellos, sus trabajadores,sus clientes y proveedores.

La influencia política ha permeado en todos los ámbitos de la sociedad civil tales como en la economía, la educación, e inclusive en la familia. Lamentablemente, modelando antivalores tales como el irrespeto, la irresponsabilidad y la deshonestidadque dañan el buen funcionamiento de la economía y de la sociedad, con ello deteriorando la calidad de vida del ciudadano, lo ilustro con este hecho: para mayo 2014 el salario mínimo oficial era de 4251,4 Bfs /mes, si dividimos esto por 11 (dólar oficial SICAD I) aplicado para la importación de artículos de necesidades básicas de los ciudadanos como la comida y la salud, esto corresponde a 386 dólares como poder adquisitivo(subsidiado por el gobierno).

Gran cantidad de los productos importados en la economía nacional por ejemplo, la ropa, los repuestos de vehículos traídos por particulares entre otros, son adquiridos con dólar paralelo de aprox. 80 bfs /Dólar (para ese momento) correspondiendo de esta manera el poder adquisitivo a 53 dólares.

Supongamos que el 60% de los artículos que consumimos son subsidiados por el gobierno y el resto 40% es traído con dólar paralelo. Entonces el poder adquisitivo en dólares para ese momento sería de: (386*0,6) + (53*0,4)= 253 Dólares /Mes

Comparando el poder adquisitivo del venezolano con un trabajador de Alemania cuyo salario mínimo para ese momento era de 10,9 (dólar / hora); tomando una jornada diaria de 7 horas; entonces semanalmente serían 35 horas y mensualmente serían 140 horas, esto equivaldría a 1526 dólares por mes.

Esto equivale cerca de 6 veces más su poder adquisitivo que del trabajador venezolano.

Alemania es el país más poderoso de Europa, ellos saben que la economía hala sobre los demás factores sociales.

Dentro de ese contexto, la revista inglesa "The Economist" de fecha 23-11-2013 en página 57, indica sorpresivamente que el presidente chino Xi Jinping el 15-11-13 proclamó reformas, previamente aprobadas por el comité central comunista de 370 miembros para la reducción de los controles de la tasa de interés bancario.

2.9.4 Instituciones públicas y de Justicia (C)

Durante la revolución chavista se ha venido gestando una república socialista-comunista paralela a la ya conformada (democrática-social) amparada por la Constitución Nacional.

Esto se ha hecho de manera manipulada mediante la elaboración y aplicación de leyes socialistas- comunistas aprovechando los poderes especiales dados al presidente con la aprobación de la Asamblea Nacional. Toda esta gestación se ha hecho dentro de un proceso sistemático con el asesoramiento y lineamiento del castro-comunismo.

Una de las principales tácticas usadas es la de substituir al personal con integridad y buenas competecias de sus cargos en los poderes públicos, por personas incompetentes e inmorales, adeptos al chavismo, quienes han usado las trampas, las mentiras,el amedrentamiento, los sobornos, entre otros, para secuestrar los poderes públicos y así tener espacio libre para hacer sus fechorías con impunidad dentro de un marco de economía de Topo que va en contra de la economía digna que es la base de la democracia.

Otra de las tácticas usadas es reforzar el soborno / la corrupción en las instituciones del Estado; por ejemplo, sobornar a los diputados opositores en la Asamblea Nacional para que aprueben alguna ley o reglamento de especial interés para el gobierno, estos son lineamientos seguidos por el PSUV que a su vez está asesorados por cubanos.

Esta táctica de la cultura de la corrupción hace que todos en el gobierno se conviertan en cómplices;atrapándolos en esta red de delincuencia. A título de ejemplo, el gobierno no ha tomado sanciones contra los culpables del robo más grande que jamás se haya hecho en el país: de más de 20000 millones de dólares a CADIVI, sin explicación oficial lógica y congruente; a pesar de que al actual presidente, se le había otorgado poderes especiales para "atacar la corrupción"; lamentablemente los ha usado con fines políticos en contra de sus adversarios.

Finalmente, la influencia de tácticas castro – comunistas en el CNE usando el psicoterror para asegurar que los representantes del partido oficialista (PSUV) ganen las elecciones, les menciono algunas de ellas: imposición de captahuellas, no permitir a los observadores internacionales su cabal labor y aceptar que los milicianos amedrenten a los votantes, entre otros. Todo esto es con el fin de que las personas no voten y así ellos (gobierno) puedan usar esos cupos disponibles para votar (digitalmente) y ganar las elecciones de manera "irreversible".

2.9.5 Militar (C)

Muchos militares colocados en altos cargos empresariales público del país no han gerenciado bien, mostrado esto en alto nivel de corrupción, pérdidas financieras, inadecuado clima laboral en las respectivas Empresas que han liderizado.

Póngase a pensar, los militares que han estado toda su vida en un cuartel, ¿podrán desempeñar el rol de gerentes de alto nivel de competencia? Por ejemplo, formar equipos de alto desempeño, modelar con integridad, tener destrezas técnicas, inteligencia emocional, manejar técnicas modernas de gerencia tales como la planificación estratégica, nuevos modelos de negocios, entre otros? Me parece que no. ¿Qué opina usted?

Los militares están entrenados para elaborar estrategias para ganar batallas, su estilo es autocrático; no capacitados para gerenciar de acuerdo a los lineamientos moderno de consenso en un mercado globalizado; así mismo sus actitudes valores como la obediencia y la subordinación van contra de un liderazgo moderno donde prevalece la humildad, el escuchar empáticamente, actuar creativamente y con proactividad tomando las decisiones por consenso.

¿Cúal es el valor agregado/ utilidad de los militares en la economía? Para mí muy poco, más bien ha atrasado el desarrollo de la economía.

Ahora bien,según el artículo 328 de la Constitución Nacional los militares deben garantizar la independencia, soberanía nacional e integridad del espacio físico. El gobierno revolucionario venezolano ha infiltrado en la milicia de manera sistemática dogmas castro- comunistas e inclusive a oficiales de alto mando cubano, con el fin de insertar la inteligencia cubana dentro del medio cívico-militar del país.

¿Esto no es perder la soberanía nacional?

¿Los militares son congruentes en su visión y misión ante la nación?

Entonces, ¿para qué están los militares?

Finalmente, se ha venido gastando gran cantidad de dinero en compras de armas ¿útiles a quién?, con un alto nivel de corrupción en su adquisición como también alianzas con países que incentivan el terrorismo como Irán y Rusia. Lamentablemente algunas de estas armas se han colado en el pueblo (ejemplo, los colectivos) ocasionando gran cantidad de delincuencia y homicidios con un número de muertos cercano a 25.000 por año, equivalente a 2083 homicidios/mes. ¡Qué tal!

2.9.6 La Espiritualidad (C)

El babalawo es un rito santero proveniente de Cuba y originario de África (Nigeria) de la tribu Yoruba, su significado es padre o maestro del misticismo, quien es un consultor espiritual parecido a los shamanes (doctor brujo) en los indígenas suramericanos. Su dios llamado Ólórún lo comparan al sol.

Este país africano también es petrolero y es uno de los países más corruptos del mundo, con mucha pobreza e ignorancia.

Los líderes de la revolución han tratado de imponer dicho santerismo en el país de manera casi forzada con la influencia de los cubanos para hacer una guerra espiritual a nuestra creencias especialmente a la cristiana judía, usando este misticismo de la tribu africana, paralelamente atacando a las Iglesias y fortaleciendo el ateismo haciendo reverencia al líder de la revolución, por encima de Dios.

Para mí existe en el país una guerra espiritual entre las fuerzas de la luz que actúan por las leyes preceptos espirituales positivos como los 10 mandamientos de Moises y las fuerzas de la oscuridad que se manifiestan a través de los antivalores como el irrespeto, las mentiras, entre otros, ver figura 2.10.

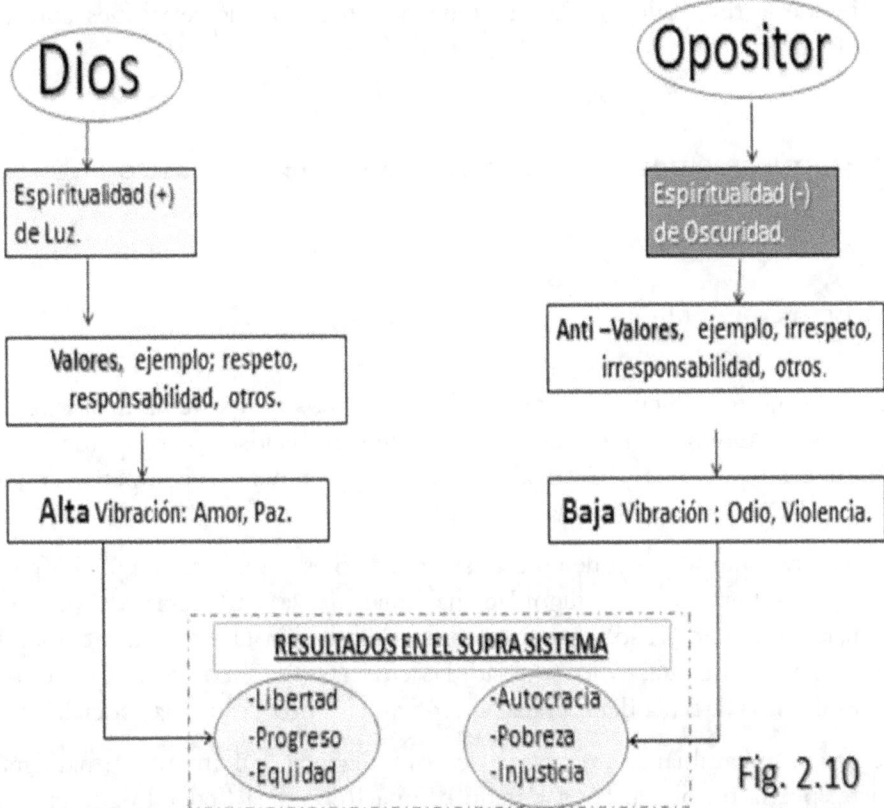

Resultados del liderazgo de acuerdo al tipo de Espiritualidad.

Fig. 2.10

De acuerdo al tipo de espiritualidad en el liderazgo social, se obtienen diferentes resultados en el Supra sistema nacional.

Es un hecho que la mayoría de las personas anhelan libertad, progreso, equidad y paz. Lamentablemente, nuestra actual realidad muestra unos resultados opuestos debido a un estilo de liderazgo social basado en la espiritualidad negativa que es autocrático (militarismo) y que ha venido destruyendo sistemáticamente la economía digna y formal, a través de la aplicación de grandes injusticias por lo que ha profundizado la pobreza.

2.9.7 Contexto global (C)

El país ha aumentado su nivel de relación con países comunistas y no alineados como por ejemplo, Rusia, Cuba, Irán, Corea del Norte considerados ante el mundo como gobiernos déspotas y forajidos. El gobierno ha minimizado las relaciones con los países más desarrollados del mundo como

Canadá, Reino Unido, Alemania y Suiza que por cierto tienen gobiernos democráticos federales, con calidad de vida, educación, unión, paz y progreso.

Antes de la revolución chavista, Venezuela tenía buena relaciones con los países del primer mundo.

2.10 Propuestas para contrarrestar la influencia castro comunista (P)

2.10.1 Estructura política

Es importante reducir el poder político sobre el supra sistema nacional, de esta forma disminuirá la motivación de muchos ambiciosos incompetentes de convertirse en políticos y alcanzar a pesar de no tener las competencias de líder para dar valor agregado a la sociedad.

El objetivo que se persigue en este subcapítulo es proponer estrategias para rescatar la soberanía y la dignidad nacional de la influencia del castro-comunismo (cubano- ruso) teniendo como premisas la libertad, la integridad, la meritocracia, el esfuerzo, la equidad, las ciencias y la tecnología. Con el fin de enrumbarnos hacia la democracia auténtica con progreso y paz social.

Se propone cambiar la influencia de la inteligencia cubana-ruso (marxista-leninista) por la brasileña, cuyo Estado es una República Federal democrática hacia lo social.

El primer gran paso es romper con el vínculo directo de los líderes sociales del gobierno que tienen con la Habana como se muestra en la figura. 2.8, con el fin de rescatar nuestra soberanía y realmente reiniciar el camino hacia la disminución de la pobreza, la mediocridad y del conformismo.

Por lo tanto, recomiendo instalar una contrainteligencia nacional (autóctona de acuerdo a nuestros valores, gentilicio y visión de país) que sea una red conformada con personas de diferentes sectores del ámbito cívico – militar, de alto nivel inteligencia del país adscrita al gobierno o a la Asamblea Nacional para anular o cortar la influencia de la inteligencia cubana G-2 - ruso, en los sectores cívico y militar del país.

Para hacer ese "corte de tijera" es decir cortar la influencia cubana y rusa debemos seleccionar inicialmente los líderes quienes harán ese corte con integridad y convencidos de la visión acordada de país, teniendo como estrategia inicial abrir nuestra economía al mercado abierto (de una manera planificada), en vista de que los cubanos no están preparados para asumir los retos y exigencias de una economía abierta; ya que no están acostumbrados a ser competitivos ni aplicar las ciencias ni la tecnología que ambas requieren de libertad; entonces, ante esta incompentencia deberán dar paso a quienes puedan ayudarnos en ese contexto, por ejemplo, los brasileños (liberales).

Un factor relevante para lograr el cambio es lograr una Asamblea Nacional con equilibrio de fuerzas entre el marxismo y liberalismo; con ello se podrá obtener un Tribunal Supremo de Justicia (cívico-militar) equitativo que aplique las leyes, basadas en la integridad de sus miembrosy apoyados en un suprasistema nacional y familiar que busquen modelar hacia la integridad tomando decisiones con equidad.

También se requiere que todos estos sean firmes en mantener su posición de integridad, para ello recomiendo conformar redes tipo (hexagonal) que se interconecten que brinden como uno de sus beneficios una gran fortaleza contra las fuerzas de la inmoralidad (antivalores).

D. Arria (*1-6) propone que no haya reelección a presidente; su duración sea de 5 años máximo; que haya doble vuelta para obtener absoluta mayoría en las elecciones presidenciales, como también auto gestión económica de alcaldías, gobernaciones, estos libres del poder central del gobierno parecido a la propuesta que hago sobre la implantación de un verdadero esquema federal en la República, favor ver subcapítulo 2.11.3

Habiendo aprendido de la efectividad de algunas estrategias usadas por el castro-comunismo, podríamos considerarlas, para aplicarlas en favor del cambio, tal como por ejemplo, tener partido único como ocurrió con el partido de gobierno (PSUV), pero cambiando las reglas de juego social-económicas implementando referundum y no vía poderes especiales (despotismo) actual del presidente. La primera opción requiere de organización y de comunicación para que todos entiendan su rol y conectarse al gran escenario hacia el cambio deseado.

Otra importante medida para contrarrestar las tácticas Castro- Comunistas es formar a los futuros preparadores de líderes jóvenes demócratas con integridad en las escuelas democráticas con enfoque liberal dentro de un marco de República Federal. Estos preparadores deben ser previamente formados en el desarrollo de las destrezas del pensamiento innovador a los problemas (yo propongo técnica que he diseñado al respecto), como otros cualidades requeridas del perfil del nuevo liderazgo según subcapítulo 2.16

También es importante considerar, la formación de redes de líderes demócratas con integridad quienes interactuarán de tal forma de minimizar las posibles agresiones de las fuerzas contrarias a la democracia, por lo tanto, sugiero diseño de redes de líderes, parecidas a la de Facebook o de Google mostrados en la figura 2.11.

En todas las redes mostradas, a excepción de Facebook,se observa la dirección de un gran maestro o "líder mayor" ; así pues demostrando la gran importancia que tiene el liderazgo para el progreso o a la desgracia de una empresa o país.

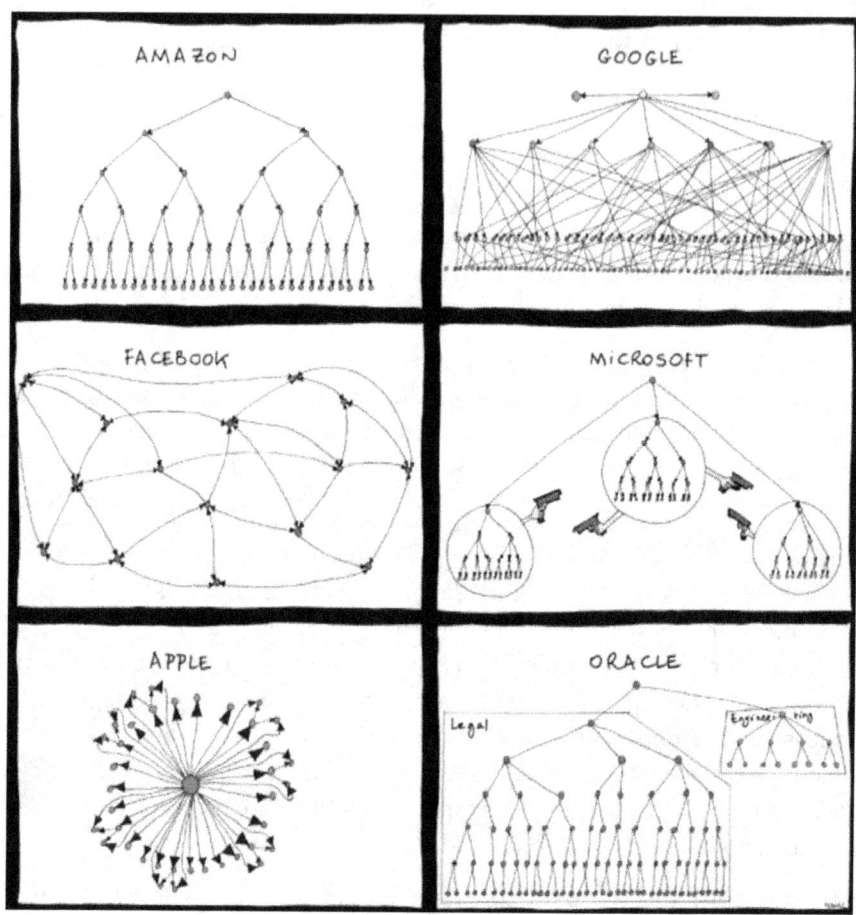

Fig. 2.11

Considero importante pedir apoyo a países como Canadá, Brasil, Japón, el Reino Unido para que nos asesoren en las escuelas de formación de estos líderes.

Hay que destacar que el proceso de cambio tomará tiempo, esfuerzo y peleas contra los posibles guerrilleros comunistas-cubanos-rusos (con intereses económicos en el país), quienes no aceptarán y tomarán tácticas tales como sabotear, insertar espías de inteligencia en la sociedad para adoctrinar y hacer guerra subversiva- mediática y reavivar la economía de Topo, para evitar el cambio positivo y sostenible. Tomando en cuenta los anteriores aspectos, se ejecutarán acciones preventivas para asegurar el cambio positivo deseado de manera sostenible en nuestra sociedad.

2.10.2 Economía

Las ganancias en los países del primer mundo son invertidos en innovación , en ciencias y tecnología, en infraestructura y educación, con el fin de mejorar su calidad de vida.

Nosotros hemos perdido la bonanza petrolera, más bien nos empobrecimos, tenemos más deudas con gobiernos del exterior y no ahorramos.

Dada el gran deterioro económico actual debemos actuar e inicialmente acordar la visión económica propuesta para el país en subcapítulo 3.17 del tomo I luego definir estrategias para cumplir los objetivos de dicha Visión, con el fin de iniciar la ruta hacia el progreso.

Un factor que va a forzar el cambio esperado económico con rapidez es hacer relaciones comerciales con países honestos y no forajidos.

Otro factor muy importante hacia la visión económica propuesta es que los líderes del gobierno cambien el enfoque de poder centralizador del Estado que ha generado gobiernos déspotas e ir progresivamente hacia el Estado republicano con poderes descentralizado (auténtico federalismo), con plan estratégico acordado por la mayoría de las partes interesadas, tomando inicialmente el esquema social demócrata con respeto al mercado libre.

El genuino federalismo origina fuerzas sanas que tienden a equilibrar la balanza del poder político, forzando a la meritocracia y a la práctica de la ética de los líderes sociales.

Usando enfoque flexible de pensamiento podemos incorporar algunos aspectos marxistas dentro de la social democracia con el espíritu de avanzar hacia la democracia liberal estimulando la participación y auto gestión de los ciudadanos..

En el subcapítulo 3.17 del tomo I se indican las propuestas para mejorar la macroeconomía: entre otras cosas, se sugiere deslastrarnos de la influencia de la dogma marxista en el planificación y ejecución de la macroeconomía, con el fin de aumentar la producción nacional y exportar (productos con valor agregado), de esta forma obteniendo divisas fuera de las rentas de los recursos naturales, disminuyendo así tanto el desbalance externo como interno de la economía, de esta forma disminuirá la inflación y mejorará nuestra calidad de vida.

Al mejorar el sistema económico más abierto, libre, con ética progresará el sistema social, el educativo y el político, a la vez disminuirá la delincuencia porque los jóvenes tendrán empleos dignos.

Lo anterior es factible lograrlo, incluyendo a los pobres, quienes tendrían subsidios pero se les pediría progresivamente una mayor participación para canalizar su propio destino con enfoque positivo, teniendo como una de sus creencias básicas que el trabajo dignifica al hombre como a su familia, brindándoles riquezas.

2.10.3 Instituciones Públicas y de Justicia

Es transcendental adecentar las fuerzas públicas como por ejemplo, la policía y las Fuerzas Armadas,iniciando con la despolitización de dichos organismos públicos, retomar la meritocracia y reinventar la misión, la visión y los valores de ellos, de acuerdo al contexto actual interno y global del país. En el subcapítulo 1.2.5.2 se propone independizar el poder judicial del gobierno central.

De esta forma habría mayor efectividad contra la delincuencia tales como los secuestros, los robos, los homicidios, el narcotráfico, el tráfico de armas; debilitando así la economía de Topo.

2.10.4 Psicológicas

Para dejar de ser manipulados por el gobierno que usa las técnicas psicológicas mencionadas en el subcapítulo 2.9.1, es necesario que estas se conozcan y sean entendidas por la mayoría, perdiendo así fuerza estas intenciones de manipulación. Esto ayudaría a disminuir el fanatismo de muchos adoctrinados.

Al mismo tiempo, el fanatismo se reduce cuando se rompen los prejuicios mediante contacto más directo y cercano a las personas a quienes estamos enjuiciando.

También se debe atacar el miedo o temor (medio usado por el castro – comunismo) para el control, el cual es el gran enemigo que debemos combatir; ya que nos paraliza el pensamiento y la acción. Para ello tengo un aforismo que dice "vivir con miedo, es morir en vida".

Hay otro pensamiento de naturaleza espiritual que dice " **no tengas miedo, ya que tu vida terminará, ten miedo de nunca comenzar, lo que quisiste hacer".**

Así pues que ataquemos con consciencia a nuestro mayor enemigo:el miedo.

Una manera catalizadora para lograr más rápidamente el cambio positivo es atraer a nuestro país personas con creencias alineadas a nuestra forma de pensar (visión de país) propuesto.

Dichas personas, por ejemplo venezolanos que están viviendo en países desarrollados de economía liberal, pueden recomendar atravéz de medios sociales , apoyar e interactuar para fortalecernos en lo material, en lo mental, en lo físico y en lo espiritual contra las tácticas castro- comunistas que tratan de infundirnos miedo de esta forma sobreponernos y lograr verdadero y sostenible vuelo hacia el progreso del país.

2.10.5 Libertad de expresión y medios de comunicación

Es vital rescatar la libertad de expresión para que no se siga manipulando la información a través de los medios de comunicación nacional.

Estos deben independizarse y ser transparentes y el rol Estado será de auditor, donde el supra sistema haga reconocimientos o sanciones en los casos que aplique. En este escenario, los medios de información deben respetar y actuar con integridad hacia la opinión pública, buscando la verdad a través de la indagación y manejo de hechos y cifras con estilo de pensamiento de raciocinio (enfoque científico) y en menor grado de romanticismo que este proceso sea auditado por auditores profesionales imparciales cuyas recomendaciones sean tomadas por el Estado para mejorar el sistema de gestión de información nacional.

Se sugiere definir esquema para determinar índice de aproximación a la verdad en los medios de comunicación, de acuerdo a su imparcialidad y enfoque científico. También considerando el respeto a los involucrados, escuchándolos de manera empática y sin prejuicios.

Por otra parte, con el fin de desmantelar el adoctrinamiento marxista en los medios de comunicación, incluyendo al sistema de educativo, se sugiere desplegar cuentos en dichos sistemas que muestren el contexto siempre en búsqueda de la verdad, con cierto humor, desechando las sucias mentiras que distorsionan la percepción del público, así rescatar la moral y estimular la actuación con integridad para dar verdadera solución a los problemas.

2.10.6 Militar

Sugiero hacer reingeniería de las fuerzas armadas depurando inicialmente la influencia dogmatizante marxista, sobre ellos para que estos retomen su dignidad y meritocracia.

Se debe considerar la reformulación de su visión, misión y valores, sugiero incluir: la libertad, la integridad y el respeto a la democracia como la salvaguarda de la soberanía nacional.

Se recomienda también incluir temas en la preparación militar temas relacionados con la macroeconomía, la gerencia y la sociología, aparte del contexto tradicional de estrategias.

Antes de realizar lo anterior, debemos romper la hegemonía marxista-cubana en la milicia. Pienso que esto debe ocurrir con la transición democrática, en ese momento, este objetivo debe ser prioritario para la transición hacia la verdadera democracia.

Una táctica rápida para disminuir o anular el marxismo en las fuerzas armadas es llevar a los militares al terreno de los empresarios de la pequeña y mediana industria para que conozcan la forma de vida empresarial y saquen de su mente la distorsionada percepción marxista acerca de la economía, de esta manera serán aliados hacia el cambio de la democracia liberal con equidad e integridad.

2.11 Repúblicas con poder descentralizado (E)

Un Estado descentralizado otorga mayor poder a los gobiernos locales, que les permite tomar decisiones propias sobre su esfera de competencias. La orientación política y gubernamental que plantea es que los diversos organismos de la administración estatal deben gozar autonomía regional.

La descentralización de un Estado puede ser política, administrativa, financiera, judicial y social en distintos grados o niveles. La descentralización podría también considerarse como un proceso social de transferencia de competencias desde la administración central a las administraciones intermedias y locales.

Dichos tipos de República son democráticas basando su estilo de gobierno en el liberalismo.

2.11.1 Liberalismo (E)

Definido según la Real Academia Española como: 1. m. Actitud que propugna la libertad y la tolerancia en las relaciones humanas. 2. m. Doctrina política que defiende las libertades y la iniciativa individual, limitando la intervención del Estado y de los poderes públicos en la vida social, económica y cultural.

Francisco de Miranda, precursor de la independencia de Venezuela (1750 - 1816) señaló:

"La conservación de los derechos naturales y sobretodo de la libertad de las personas, seguido de sus bienes es incuestionablemente la piedra fundamental de toda sociedad, bajo cualquier forma política en que esta sea organizada".

Esto demuestra que él fue un liberal y que lamentablemente la mayoría de los próceres que lo siguieron incluyendo a Bolívar se desviaron de ese ideal dirigiéndose hacia el poder centralizador de la república, cuyos resultados han sido poco alentadores a pesar de haber tenido mucho dinero el país por las rentas de los recursos naturales.

Otro personaje histórico como fue Cecilio Acosta (escritor y filósofo) que vivió entre 1818- 1881 señaló lo siguiente: ¿Quién no ve que la capacidad colectiva nace de la individual y que no hay bien público, si no hay bien privado antes?

Imagínense la revolución chavista lo que hizo fue expropiar a los empresarios privados de sus bienes para ponerlos al servicio del Estado y con el tiempo estas empresas fueron desmejorando su calidad.

¿Qué les parece el siguiente comentario de Cecilio Acosta?

¿Queremos esforzarnos para lograr progreso? Si es sí; es más ley individual que ley de gobierno.

Dicho la anterior por estos grandes personajes de su tiempo, ¿por qué la mayoría no entendió ni siguió?

Pienso por el egoísmo, poco discernimiento y estar cómodos con su status quo.

¿Qué piensa usted?

Adicionalmente, observen a la sabia naturaleza, ella tiene principios fundamentales para su evolución como son la selección natural que aplicandolo en el ámbito social correspondería a la "meritocracia", el otro principio sería el de co-operación que traducido al ámbito social sería gestionar bajo el enfoque ganar-ganar. Mientras que el Marxismo, se basa en principios antinaturales como la "supuesta" igualdad social que en realidad no ha existido en país marxista alguno, adicionalmente, la política gubernamental de subsidios y dádivas que habitúan al individuo al facilismo.

El liberalismo promueve las libertades civiles y se opone a cualquier forma de despotismo; yo podría decir que es un antídoto ante el veneno del despotismo, ya que establece las condiciones para la inclusión y exige que las decisiones sean tomadas por consenso; mientras que las Repúblicas con poder centralizado se toman las decisiones de manera unilateral y muchas veces sin consenso.

El principio liberal considera la libertad individual como la más importante meta política; en cuyo sistema de gobierno se enfatizan los derechos individuales con igualdad de oportunidad bajo un marco de libertad y tolerancia. Para reforzar lo anterior, el recurso más importante en una organización es el ser humano, ya que con su talento, creatividad y pasión se logran las metas a pesar de las dificultades. Para ello se requiere empoderar al individuo para que el proceso fluya con facilidad hacia el éxito.

La verdadera riqueza de los países es la transformación de las ideas creativas de su gente en bienes y servicios útiles a la humanidad. Por lo tanto, es falso decir que Venezuela es rica, deberíamos decir que tiene recursos pero la riqueza proviene de la transformación de esos recursos por las personas en valor agregado trayendo con ello mayor calidad de vida a estas.

Esto se logra dentro de un clima de libertad y tolerancia donde las decisiones sean tomadas con el báculo de la integridad, de esta forma logrando ser soberanos y ricos.

Los frutos de este principio en la macroeconomía sería mejorar el poder adquisitivo promedio de la población como disminuir la cantidad de personas con pobreza extrema, como se muestra en la figura 2.12, titulada Distribución del poder adquisitivo en la población.

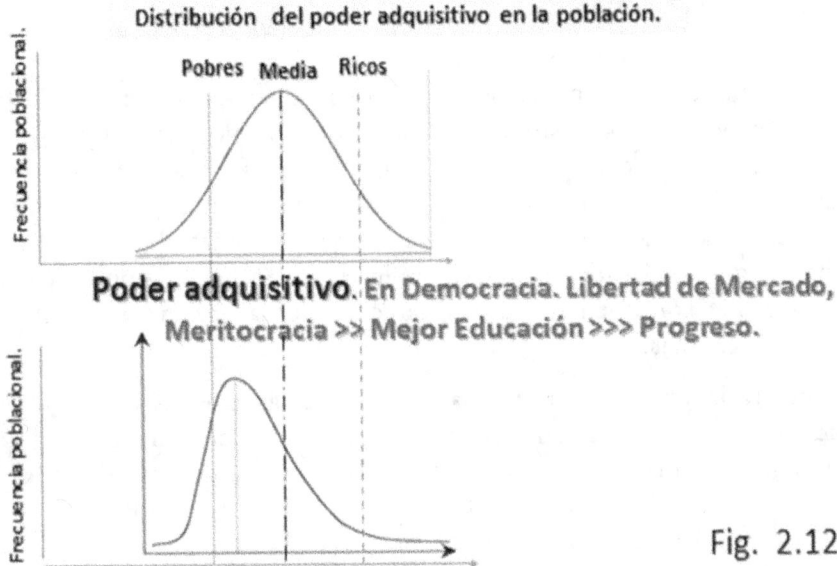

Distribución del poder adquisitivo en la población.

Poder adquisitivo. En Democracia. Libertad de Mercado, Meritocracia >> Mejor Educación >>> Progreso.

Fig. 2.12

Poder adquisitivo. En Socialismo- Comunismo (Marxismo). Economía cerrada >> Pobre Educación >> Pobreza......

Detallando la anterior figura, la primera curva muestra el comportamiento de ingresos de la población de una República con economía que aplica principio liberal con integridad tal como el Reino Unido, donde pueden apreciar una curva natural de "Gauss" cuya media de ingresos de la población es más alta que la de un país con régimen con principios marxistas, tal como el venezolano.

Los países que han utilizado el principio liberal en su sistema económico están preparados para competir en el mercado global. Por ejemplo, EEUU tiene 15 billones de dólares de deuda externa (2012); mientras que sus recursos naturales evaluados en 4 billones ; sin embargo, los montos por infraestructura y servicios (frutos de su innovación, en libertad) están evaluados en mas de 800 billones de dólares, esto equivale a 200 veces más valor que el monto de sus recursos naturales.

Esto quiere decir que los resultados tangibles del ingenio humano bajo el manto de la libertad, la competitividad y la integridad genera por lo menos 200 veces más divisas que meramente vendiendo los recursos naturales.

Este país ha pasado por diferentes crisis económicas y aún se mantiene como la economía más poderosa del mundo. Es visible la tendencia de China en acercarse a EEUU usando como estrategia su capacidad de copiar tecnología pero dado su sistema comunista que impide la libertad de expresión, no podrá ser lo suficientemente innovadora para sacarle delantera.

2.11.2 Democracia Liberal (E)

Es una forma de gobierno en la cual la democracia representativa opera bajo el principio de liberalismo. Ejemplo, protegiendo los derechos del individuo, normalmente enaltecidos en las leyes. Es caracterizado por elecciones, justas, libres y competitivas entre múltiples y distintos partidos políticos; separación de poderes entre las diferentes ramas del gobierno, el cumplimiento de las leyes de manera disciplinada como parte de una sociedad abierta y la protección por igual de los derechos humanos, civiles y políticos para todas las personas.

La democracia liberal podría tomar varias formas tales como república constitucional tal como la de Francia y Estados Unidos de América; también incluirse dentro de una monarquía constitucional como es el caso de Japón y Reino Unido, y por último, dentro de un sistema parlamentario como el de Canadá, Australia, Italia.

La democracia liberal enfatiza la separación de poderes, un sistema judicial independiente como un sistema que balancea y chequea la gestión entre las diferentes partes del gobierno.

Podríamos decir que la democracia liberal está basada en 3 creencias y una sospecha:

1.- La creencia en el Individuo basada en la idea de que este es moral y racional, para ello se requiere de un supra sistema nacional como cultura que modelen y enaltezcan los valores como el respeto y la responsabilidad, además tener un mayor enfoque de pensamiento de raciocinio sobre el romanticismo. Las leyes se harían por personas íntegras y con la participación de las partes interesadas para lograr consenso con honestidad. Las leyes enfocadas con la premisa de que la persona es íntegra.

2.- La razón y el progreso basado en la creencia que el crecimiento y el desarrollo son las condiciones naturales de la humanidad dentro de un marco de compromiso.

3.- La creencia que la sociedad es un tipo de asociación de mutuo beneficio, basado en el deseo hacia el orden y la cooperación (esto también es una finalidad del marxismo); en vez del desorden y el conflicto.

4.- La sospecha de que la forma de ejercer el poder es concentrándolo bien sea en individuos, grupos o gobiernos (esto también aplica al marxismo).

Es de indicar que en la globalización, las empresas privadas transnacionales hoy en día buscan alta rentabilidad, pero en ocasiones destruyen la economía de mercado y a la naturaleza. Sin embargo, los gobiernos pueden obligar a estas empresas a cooperar para el beneficio de ambas partes y de la sociedad y planeta en general.

Mientras que los gobiernos marxistas/militarizados son inflexibles, no permiten la libertad, su enfoque es de ganar-perder con impunidad, desmoralizando a las personas e impidiendo la innovación hacia la excelencia, más bien lo dirijen hacia la mediocridad.

2.11.3 Federalismo (Unión en la diversidad) (E)

2.11.3.1 Principios y beneficios del federalismo

Este mecanismo busca proteger los derechos de los estados de la usurpación del Gobierno central. Sin embargo, hay algunos autores quienes consideran que el principio Federal de compartir la solidaridad y la carga nacional obstaculizan la ruta del desarrollo económico y de la modernización.

Uno de los principios del federalismo es la "subsidiaridad" que estipula que el poder debería estar lo más cerca posible de quienes son afectados . Esto es obviamente un principio fundamental liberal y su alcance es mucho mayor que la estructura constitucional del Estado.

En esencia el principio resulta ser una forma descentralizada de gobierno y solamente el gobierno central interviene en temas cuando estos no puedan ser manejados adecuadamente por los niveles inferiores.

Un gran mérito que tiene el federalismo es su capacidad de acomodarse a la diversidad. Generalmente, cuando existen muchos centros de toma de decisiones cubriendo áreas limitadas, más gente obtendrá lo que quieren de aquellos quienes los gobiernan. Por el contrario cuando las tomas de decisiones se hacen de forma centralizada en el país, hay mayor número de personas insatisfechas con dichas decisiones.

Para ilustrar lo anterior con un ejemplo, si el gobierno central toma decisión con 51% de votos a favor contra el restante 49%; entonces, estará perjudicando al 49% de la población. ¡Eso no es justo!

Para contrarrestar lo anterior,el federalismo ofrece un gran beneficio que es de asegurar espacio para una amplia variedad de soluciones; ya que promueve la "competición como método de descubrimiento" según (F.A.V. Hayec). Lo opuesto, ocurre con el poder centralizado que aspira a satisfacer a todos con una solución, lo cual no es posible como se ha indicado en el ejemplo anterior.

El federalismo tiende a minimizar los riesgos de errores involucrados en toma de decisiones políticas;mientras que con poder centralizado, tal error afecta a todo el país y el daño será más severo que en una sola provincia.

Hay una vieja expresión basada en la experiencia que: la competencia, produce incentivos para individuos y colectivos esforzándolos a lograr mejores resultados.

Otro gran beneficio del federalismo es poder compartir y chequear al poder político, lo cual es esencial para la democracia. Esta no solo debe estar confinada a los 3 poderes tradicionales como son el legislativo, el ejecutivo y el judicial, cuya división es horizontal, sino también debe incluirse el poder vertical, crucial para la buena gestión política, como lo ofrece el federalismo.

En cambio, un aspecto negativo de este sistema es que requiere de mucha preparación ciudadana con elevado nivel de conciencia, como se ha indicado en el subcapítulo 2.13 del tomo I. Si esto no ocurre estaremos propensos a caer en la anarquía.

Lo interesante del federalismo es que exige preparación, tolerancia e innovación de sus líderes y ciudadanos para convivir en armonía, por lo que deben de habituarse a pensar con flexibilidad de manera científica y empática.

Para ilustrar con un buen ejemplo un gobierno federal indicaré a Suiza, país democrático federal con 26 provincias (cantones) y 2656 comunidades, y estimo que tiene más de 8 millones de habitantes. La gente participa directamente mediante referendums en cambio de leyeslo incómodo de este tipo de gobierno es que sus decisiones y acciones toman mayor tiempo que de un gobierno centralizado.

Otro ejemplo, es la República Federal de Alemanía en la cual su constitución indica que debe ser un Estado Federal, Democrático y Social. Este país tiene 16 estados federales con autoridad fundamental por sí mismos. Esto es casi impuesto dada la penosa experiencia que tuvieron en la guerra, debido a sus líderes déspotas que salieron de República, con poder centralizado.

Finalmente, el genuino federalismo solo es posible realizarlo, si se tiene auto gestión financiera. Mientras el poder central de gobierno controle las cuerdas financieras, toda la descentralización será un fiasco. ¡Aquel que paga la música puede escoger la canción!

2.11.3.2 Factores que han impedido el federalismo en el país (E)

Poder centralizador de los partidos políticos (E)

La partidos políticos de la democracia venezolana no han sido abiertos ni amplios en sus estructuras por lo que no han brindado empoderamiento, meritocracia y equidad dentro de su seno, creando así liderazgo elitesco/oligarcas que los han usado como maquinarias para ganar elecciones y así mantenerse en el poder, sin dar verdadero valor agregado a la sociedad.

Los partidos substituyeron el proyecto país por "el cambur", ganancia personal de manera inmoral; estancando la economía.

Los partidos políticos se han convertido en administradores de una red clientelar, alimentada con la renta petrolera e infectada por la corrupción. Un ejemplo de ello es que en la cuarta república se repartían los puestos según cuotas de sindicatos partidistas; mientras que en la quinta república estas cuotas se han asignado con violencia y coerción.

Un sistema comunista tiene estructura piramidal jerárquica tipo militar con poder centralizado (en pocos), cuyas decisiones son lentas e ineficientes; mientras que un sistema federal según la figura 2.13, con estructura tipo "ramas" distribuye el poder de manera sectorial, sus tomas de decisiones son más rápidas y eficaces. En ese último esquema la gestión pública se asemejaría a una gestión privada (calidad).

Jerarquía Organizacional del Comunismo versus el Federalismo

COMUNISMO

FEDERALISMO

Estructura Jerárquica tipo **Militar** : toma de decisiones lentas e ineficientes.
Resultados : Baja calidad de vida y poca Innovación.

Estructura Jerárquica de **Empresa Privada moderna** : toma de decisiones autónoma, rápida y eficiente.
Resultados : Alta calidad de vida e Innovación.

Fig. 2.13

Con el fin de comparar de manera amigable los esquemas macro económicos con principios marxistas (centralización de poder) versus liberalistas (descentralización), en la figura 2.14, se hace comparación ambos esquemas tomando en cuenta aspectos tangibles (económicos) como intangibles (emocionales) en la sociedad.

Como pueden apreciar de dicha figura, al ir desplazándonos del sistema comunista hacia el sistema demócrata – liberal vamos obteniendo mejor calidad de vida.

Fig. 2.14

Fallas en el proceso de "regionalización" en los años noventa (E)

Según Oswaldo Angulo (*2.5) la regionalización del poder abre las posibilidades a las comunidades para coparticipar en el desarrollo social, económico y político de su entorno. Lamentablemente, la provincia no supo entender dicho proceso; ya que ha sido mediatizado por mecanismos y leyes "centralistas" que han desnaturalizado su espíritu de cambio. Esto originó controversias administrativas entre los diferentes niveles del gobierno tales como el presidente, los gobernadores y los alcaldes.

Es de indicar que en 1980 se promulgó ley de regionalización administrativa con el propósito de desarrollar las provincias en cierta forma de manera autónoma bajo la coordinación de la respectiva Corporación regional. Se dividió el país en nueve regiones aparte de la zona de Guyana.

Altos Costos (E)

Dada la baja eficacia de la gestión de los gobiernos centrales debido al alto despilfarro, corrupción e incompetencia, los costos de la regionalización fueron elevados, interrumpiendo el proceso de cambio. Estos recursos se asignaron a los estados a través de situados (poder central asigna los recursos); la mayoría de estos recursos provenientes de las rentas del petróleo, con ello evitando la verdadera libertad de acción de las provincias y con ello debilitando enormemente este proceso.

2.11.3.2.1 Causas que han impedido la descentralización en el país (C)

Sistema centralizador de los partidos políticos (C)

El proceso descentralizador ha tenido un origen Político y no económico-social.

Muchos de los políticos por sus creencias, no tienen la voluntad política de ir hacia un verdadero federalismo (no les conviene).

Aunado a esto, los partidos políticos han representado sus propios intereses y no de todas las partes interesadas.

Creencias en contra de la descentralización (C)

Existe el miedo que la descentraización que luego conllevaría al Federalismo forme "reyezuelos" rompiendo la unidad de la unidad del Estado, pero hoy en día paradójicamente tenemos un enfoque comunista de gobierno y observamos pocos "reyezuelos" en el país.

Otra creencia que perjudica la implementación la descentralización es que los políticos "satinizaron" al neo-liberalismo, mostrando a los emprendedores como voraces explotadores de hombres pero en la realidad, no es así; ya que el gobierno puede actuar como rector para forzar a los emprendedores actuar con equidad.

Poder centralizador del gobierno (C)

Desde la época de la conquista, pasando por la colonia hasta nuestros días, ha existido el paradigma que la prioridad es el enfoque político-jurídico por encima del económico-social para asegurar la unión de la república y el bienestar social.

Dado ese enfoque, el poder político ha tenido influencia y dominancia sobre los aspectos económicos y sociales; con ello focalizándose en ejercer el poder centralizado para lograrlo, impidiendo la autogestión y autosostenibilidad de las provincias.

Según Juan V. Mijares (*2.6) los siguientes factores han contribuido a debilitar la governanza del país:

.- Fragilidad institucional (por inequidad de su gestión); ya que el supra sistema no ha sido imparcial, en muchos casos abusando del ciudadano a través de la corrupción y otras prácticas inmorales con impunidad, de esta forma sembrando la anarquía entre la población.

.- Bajo capital social; los planes de crecimiento de la infraestructura del país no se mantienen ni concretan en su totalidad ya que la corrupción acaba con los presupuestos de estos proyectos.

.- Bajo vínculo del gobierno con la gente; ya que hay poca participación ciudadana por tener esta desconfianza de las instituciones públicas.

Fallas de las Corporaciones de desarrollo regional (cuarta república) (C)

La falla de la gestión de las corporaciones de desarrollo regional se debieron a la falta de liderazgo competente y de comunicación efectiva entre las provincias y el gobierno central. Adicionalmente, el marco jurídico impedía la auto gestión financiera de las provincias y con ello su verdadera libertad para actuar.

Bajo involucramiento de las personas en las Comunidades y con el gobierno (C)

Una de las principales causas de lo anterior ha sido "a desconfianza que se ha generado entre los miembros de la comunidad y las instituciones públicas, que no actúan con imparcialidad; por lo que muchas veces los primeros consideran que son usados o manipulados por el gobierno con fines políticos / partidistas.

Por otro lado, el uso y costumbre del "presidencialismo" que toma las decisiones sin brindar empoderamiento a los demás, con ello desestimulando la participación ciudadana.

Alto costos para aplicar el proceso de descentralización (C)

Posiblemente sea costoso dicho proceso por la alta dinámica institucional como también los extensos ámbitos territoriales, pero a mi forma de ver la causa más influyente en los costos es la corrupción,.

Aunado a lo anterior, el supra-sistema nacional no está concebido para que las provincias actuen de manera auto-suficiente, dependiendo del poder central del gobierno (propiciando la corrupción).

2.11.3.3 Propuestas hacia un Federalismo exitoso y sostenible (P)

Re-enfocar la filosofía tradicional del estado social (P)

Reenfocar la visión, misión y valores del Estado en relación a su apoyo social con auténtica equidad, en mercado libre, actuando con integridad y meritocracia. De esta forma, priorizando y actuando efectivamente en las soluciones sociales bajo enfoque económico- social por encima del político-jurídico que nuestra historia ha demostrado que no ha dado los frutos sociales e institucionales esperados.

La descentralización con integridad en libertad es un gran paso a tomar, esto estimulará a las provincias a ser autosostenibles, con ello forzando a la población a mejorar su productividad e innovación originando para ellos y los demás beneficios como los indicados en la siguiente figura 2.15:

Marco Internacional: Experiencias de países "Competitividad".

Lo Económico por encima de lo Político

Países con ALTA productividad → Uso eficiente de los recursos → Superioridad en la competencia por el mercado → Desarrollo social y económico → Realización de las necesidades humanas y bienestar

Lo Político por encima de lo Económico

Países con BAJA productividad → Mala utilización de los recursos → Frustración en la competencia por el mercado → Crecimiento económico bajo → Inestabilidad social

Fig. 2.15

En la figura 2.16 se afianza con más detalle los beneficios del enfoque anterior, tal como mejora de la calidad de vida de los emprendedores, del gobierno, de los ciudadanos, de los consumidores inclusive del país.

Beneficios de la productividad

Lo anterior significa que múltiples actores se benefician de un aumento de la productividad: empleados, empleadores, consumidores, gobierno, comunidad.

Fig. 2.16

Producción Nacional con Meritocracia >>> Productividad >>> Calidad de Vida

Disminuir el poder centralizador de los partidos políticos (P)

La idea de reformar la estructura de los partidos políticos es de disminuir su poder centralista redirigiéndolo hacia la descentralización, con el fin de coadyuvar a la formación de la cultura de la regionalización y con ello del federalismo.

Para lograr lo anterior los partidos políticos deben tener un alto nivel de competencia gerencial que sepan aplicar técnicas y herramientas modernas como la escucha empática, las reglas de reuniones, el saber dialogar, la aplicación de la metodología de los 6 sombreros, el ciclo de mejora de Deming (Planificar- Hacer- Verificar- Ajustar), esto acompañado de un liderazgo de alto nivel (5to nivel de consciencia) según lo descrito en el sub capítulo 2.5 del tomo I. Estos líderes deben ser seleccionados bajo un perfil según lo propuesto en el subcapítulo 2.16.

Subir el nivel de competencias de los gerentes sociales (Gobierno) (P)

Al lograr esto, muy posiblemente se lograrán los objetivos estratégicos propuestos en este libro, enmarcados dentro del ciclo de gestión (Planifica – Hacer – Verificar - Ajustar) con enfoque sistémico en el análisis de los contextos para el logro efectivo de las metas y con el espíritu de la mejora continua. Uno de los beneficios de este logro es que se aumentará el capital social (bienes y servicios) del Estado con ello mejorando su calidad de servicios hacia los ciudadanos.

Otro de los beneficios de lo anterior, es que la gestión de las Corporaciones de desarrollo regional que sirven de puente entre el Estado centralista y el ciudadano serán gestionados con calidad y efectividad por gerentes sociales de alta competencia, de esta forma se comenzará a lograr éxitos en la descentralización.

Una de mis propuestas para ir hacia el federalismo está dada en el subcapítulo 2.17.3, y consiste en dividir inicialmente el poder central de la república en 3 grandes regiones, con ello se reiniciaría el proceso de descentralización para así formar las bases robusta de una verdadera federación, luego cuando este proceso haya madurado; entonces se podría luego subdividir el país en 9 regiones como se hizo en el año 1980.

Mejora del Sistema de Gestión de Justicia (P)

En el subcapítulo 1.2.5, se proponen ideas para mejorar el sistema de gestión de Justicia (cívico-militar), del cual se soporta la democracia. Si estas mejoras se hacen; entonces el supra sistema nacional tenderá a ser equitativo, aumentando la confianza y la cohesión social, los cuales incentivarán a la participación ciudadana de forma proactiva y responsable.

Por el otro lado, los referendums o plebiscitos serán transparentes para así controlar a los políticos que deberán comportarse con mayor moralidad, brindando de esta forma mejor servicio a la comunidad.

Cambio de creencias en pro de economía liberal y federalista (P)

Inicialmente debemos desmontar las creencias que avalan al "autoritarismo" en nuestro uso y costumbres, según lo propuesto en el subcapítulo 2.7.3.3.1 del tomo I mediante el desarrollo de la escucha empática tanto del niño como del adolescente en el sistema educativo como en su núcleo familiar.

De esta forma el uso y costumbre del autoritarismo se irá desvaneciendo en la sociedad, disminuyendo con ello las posibilidades de la instalación de futuro líderes déspotas (reyezuelos).

Por otro lado, hay que hacer estrategias para revelar con cifras y hechos que el comunismo ha originado mucho más daños a la sociedad que la democracia. Por el contrario, si enfocamos nuestras creencias en los beneficios que brinda el liberalismo con integridad, entonces nos daremos cuenta de que este ofrece más luz y prosperidad que el marxismo, evidenciándose esto en los países del primer mundo, que tienen mercado libre (por supuesto, con ciertas restricciones) y siendo competitivos.

2.12 Expectativas de la gente hacia el tipo de república preferida (2011) (E)

En encuesta el tipo de república preferida por venezolanos hecha por el grupo Gumilla (Organización apoyada por la UCAB), en el 2011, los resultados fueron:

.- 33% Democracia

.- 31% Democracia socialista

.- 27% Democracia liberal

.- 9% Autonomía.

Para ese año con 12 años de Chávez en el poder, obligando al país a meterse en la doctrina filosófica socialista-comunista, los resultados arriba indicados con 31% (chavismo) muestra el poco avance de su revolución en el cambio de creencias en la mayoría hacia la filosofía socialista.

El 33% escogió la democracia pura y el resto 36% apuntando hacia la democracia liberal. Ninguno o muy poco estuvo de acuerdo con el socialismo -comunismo.

Podemos concluir de lo anterior que la gran mayoría de este muestreo (pienso que muchos son de la clase media) prefiere un gobierno democrático con libertades para cumplir con los requerimientos de la sociedad modernas.

¿Qué pasará si no revertimos la tendencia del castro-comunismo en el país?

El pueblo con su gentilicio venezolano se desmoralizará, se empeorará más aún la militarización en los poderes públicos, con su estilo de autocracia que subyuga al pueblo con el temor.

La incompetencia pública y privada proliferará originando más escasez de bienes y servicios.

Se incrementará aún más la violencia, el terror, la delincuencia; resumiendo todo esto, la sombras del oscurantismo satánico se expanderá en el país, ver fig. 2.10.

En este momento vamos encaminados a pareceremos a Nigeria (África) que también tiene petróleo, con guerrillas violentas y alta pobreza en su sociedad.

Yo no quiero esto para el país y estoy seguro que usted tampoco, es por ello que debemos reflexionar y hacer un trato entre chavistas y no chavistas para actuar acorde.

2.13 Influencia del líder en los resultados del país (C)

La mayoría de nuestros presidentes desde el inicio de la República han tenido arraigado el enfoque del romanticismo y control central por encima del raciocinio y poder descentralizado.

Adicionalmente, la mayoría de los presidentes han sido militares ambiciosos (negativos) y autocráticos que se han enriquecido de las bendiciones de los recursos naturales del país, actuando con egoísmo y facilismo hasta convertirse en caudillos y tratando al pueblo como soldados, haciendoles saber que las decisiones las toma el líder y los demás las cumplen. Mientras que hay algunos seguidores de estos líderes que lo hacen con el propósito de quedarse con algo del botín de la fortuna de las arcas del Estado.

El 60% de los presidentes en la historia de la república han sido militares cuyos estilos de liderazgo han sido autoritarios con gobierno centralizador, no permitiendo la libertad de expresión ni la evolución individual ni social; el otro 25 % de los presidentes (civiles) han sido abogados y solamente el 4% ha sido médico (relacionados con la ciencias) y el restante 11% de otros. Uno de ellos ha tenido formación en la tecnología: Marcos P. Jiménez, quien fue Ingeniero civil. El actual gobierno tiene gran influencia y apoyo del castro comunismo mostrando claramente discursos de enfoque romántico, excesivo control, represión y con clara ignorancia en las ciencias y tecnología, debilitando aún más nuestra soberanía.

En la tabla de la figura 2.17 se comparan resultados tanto tangibles como intangibles de 4 ex presidentes de la República, dos de ellos militares y los otros dos civiles.

De acuerdo a ello y según mi apreciación, los dos mejores Presidentes de la República hasta el momento han sido Raúl Leoni, verdadero demócrata que actuó con justicia, y Pérez Jimeénez, quien a pesar de su dictadura pavimentó el camino hacia la democracia, con espíritu de progreso dentro un marco de moralidad. La visión de Marcos Pérez Jiménez era la transformación del medio físico y el mejoramiento de las condiciones morales, intelectuales y materiales del venezolano, muy necesarios hoy en día, especialmente la moral.

COMPARACIÓN DE 4 PRESIDENTES.

NOMBRE	PERFIL	ESTILO	ECONOMÍA	EMOCIÓN SOCIAL
.- Marcos Pérez Jiménez	-Militar. Subteniente con el más alto nivel académico. -Católico	-Autoritario -Represivo - Progresista - Derechista -Su lema: hacer el bien común.	-Grandes obras de Infraestructura. - Prosperidad y relativa paz. -Inmigración europea.	- Neutralidad
.- Raúl Leoni	-Civil -Abogado - Masón	- Libertad y respeto. -Gobierno ponderado (sin partidismo).	-85% Producción nacional. -Tasa de inflación de 1,7%.	- Confianza -Optimismo
.- Hugo Chávez	-Militar - Maestría en ciencias políticas -Babalawo	-Autoritario - Izquierdista – Castro comunista - Déspota benevolente. -Nacionalista	-Baja producción nacional. -Tasa de inflación promedio 23 %. - Economía de Topo / corrupción.	-Violencia . - Ansiedad -Desconfianza -División de país -¿Felicidad?
.- Nicolás Maduro	-Civil - Bachiller	-Castro- Comunista - Déspota - Incoherente	-Desabastecimiento -Tasa de inflación 180 %. - Emigración	-Violencia . - Desesperanza

Fig. 2.17

Raúl Leoni a mi parecer logró los mejores resultados para el país, dentro de una estructura democrática buscando la equidad y la participación de todos. Él gobernó desde 1964 a 1969, era una persona íntegra que tenía los siguientes valores de vida:integridad, justicia, libertad y fraternidad. Yo lo catalogaría como líder de espiritualidad positiva. Era un hombre justo y seguidor de la religión masónica, todo lo anterior lo elevó a ser un líder de 5to nivel de conciencia según el modelo de R. Barrett explicado en el subcapítulo 2.5 del tomo I.

Con este tipo de líder se generó confianza en el país y la economía creció en un marco de libertad y respeto.

En su gestión de gobierno las balanzas de pago tanto externa como interna estaban casi equilibradas debido a que hubo un 85% de producción nacional y solo el 15% de importación, por otro lado, la inflación era de 1,4%. Se vivió un clima de libertad y de paz.

Luego de él, lamentablemente, los demás presidentes fueron egoístas con poca preparación y mucha inmoralidad permitiendo que el cáncer de la corrupción y de las redes de delicuencia crecieran en estos últimos años.

Con respecto a Chávez introdujo el marxismo de manera frontal al país mermando con ello la libertad, la producción nacional y desmoralizando (a las instituciones del Estado originando con ello emociones contradictorias; por un lado odio y por el otro lado, amor a su revolución.

Finalmente, Nicolás Maduro, castro comunista confeso, ha actuado en forma déspota y represiva contra las personas que se oponen a su régimen, que ha dado como resultados desabastecimiento de productos, muy baja producción nacional, éxodo de jóvenes talentos por no ver calidad de vida ni progreso económico en el país. Todo esto ha generado en la población desesperanza y aumento de número de enfermedades, con el agravante de que no se consiguen las medicinas, ni víveres de necesidad básica.

2.14 Transformación personal e institucional hacia país desarrollado

Me da la impresión de que muchos piensan que la cultura es intangible y por lo tanto no es medible; sin embargo, les voy a refutar esto, mostrándoles dos casos reales de cambio de cultura de experiencia personal que tuve en un empresa manufacturera, midiendo el nivel de efectividad de la implementación del cambio en la cultura organizacional de dicha Empresa.

El primer caso muestra un fracaso en el cambio de cultura organizacional dirigida a la implementación de la consciencia de la calidad total en las personas, obteniéndose alrededor de 38% de cumplimiento de lo esperado. Mientras que en el segundo caso, relacionado al "estilo de liderazgo" desde el nivel de supervisor hasta la alta gerencia, este fue exitoso con un índice aproximado de 85% de cumplimiento y progresivamente avanzando.

2.14.1 Casos reales de cambio de cultura Organizacional (E)

Caso real de fracaso (E)

En una empresa donde trabajaba, se trató de implantar la cultura de trabajo llamada Total Quality Management (TQM). Esta cultura tiene raíz japonesa que se traduce al castellano en Gerencia Total de la Calidad, cuyos objetivos son la satisfacción del cliente (interno/ externo) como lograr poca variabilidad en los procesos, de manera sostenible en el tiempo.

El logro de estos objetivos requiere de una filosofía de trabajo de satisfacción del cliente, aplicada a toda la organización desde la alta gerencia hasta la persona con menor estatus en la organización, ejemplo, limpiadores de pisos en la empresa.

En aquel entonces, se me dio la responsabilidad de liderar dicho cambio cultural en la organización; ya que era el gerente de la calidad.

Los dueños de la empresa al inicio indicaron las razones del por qué y el para qué del cambio cultural, estas eran mejorar la competitividad de la empresa ante el mercado global y así mantener su rentabilidad como mantener nuestros empleos en un buen clima de trabajo.

Para ese momento, los líderes del cambio recibimos entrenamiento sobre las herramientas y actitudes a tomar con el fin de modelar y ser catalizadores del cambio esperado en la gestión organizacional. Este aprendizaje fue práctico (aprendiendo-haciendo) y la idea era que se cultivaran estas semillas en el resto de la organización modelando los nuevos hábitos de trabajo.

Dichas herramientas estaban enfocadas en 3 ámbitos de competencias empresariales como son:

.- El Técnico

.- El Actitudinal

.- El Gerencial

Se diagnosticó la necesidad individual de entrenamiento de cada líder para lograr la competencia requerida de este, con el fin de asegurar el éxito del proceso de cambio. Para ello se definió una matriz de desarrollo personal, comparando el status actual de sus competencias versus lo deseado. De acuerdo a esto, se elaboró su respectivo plan de adiestramiento.

Posteriormente, se hizo una auditoria de diagnóstico al sistema de gestión organizacional bajo los nuevos conceptos filosóficos, definiéndose prioridades acompañado estas de sus respectivos planes de acción.

La casa matriz hacía seguimiento al cumplimiento de dichos planes de acción como evaluando su efectividad para así ajustar las acciones al logro de las metas.

Pasaron 5 años, y los avances logrados fueron los siguientes:

.- Gerencial = 55%

.- Actitud = 30%

.- Técnico = 30%

Obteniendo un promedio global de 38%, esto me demuestra fracaso al no cumplir con este reto.

En el figura 2.18, se expone a mi entender el diagrama de Pareto de causas raíces, que incidieron en el bajo índice del cambio cultural del TQM en la Organización.

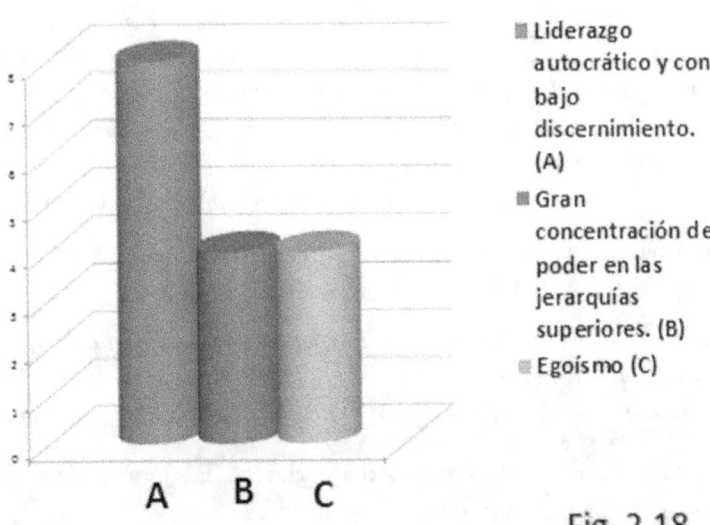

Pareto de causas .

■ Liderazgo autocrático y con bajo discernimiento. (A)

■ Gran concentración de poder en las jerarquías superiores. (B)

■ Egoísmo (C)

Fig. 2.18

A continuación explico brevemente dichas causas y en *letras cursivas* propongo reflexiones con el fin de que usted aprenda de mi fracaso al intentar hacer cambio de cultura en su ámbito de abajo.

La causa (A) "liderazgo autocrático y con bajo discernimiento" influenciada por varias sub-causas:

1.- El hábito de pensamiento reactivo ante los problemas (acción-reacción), con toma de decisiones con prejuicios.

Para disminuir esta tendencia de pensamiento sugiero aplicar la metodología TRIZ (Metodología sistemática para definir y solucionar problemas de manera innovadora) en el ámbito profesional e inclusive personal (ver *2.7). Esta es una potente metodología para entender el contexto del problema y dar soluciones innovadoras (rompiendo paradigmas).

2.- Muchos de los líderes no han desarrollado el hábito de pensamiento sistémico, ni el desarrollo de su intuición.

Esto lo atribuyo a la educación y a la crianza autocrática, que da poca libertad al pensamiento diferente de lo establecido, con ello minimizando la habilidad analítica del individuo.

El enfoque sistémico requiere de flexibilidad mental y práctica por ejemplo mucha lectura y conformación de mapas mentales para entender las interacciones de los diferentes procesos involucrados y de allí tomar las decisiones más congruentes y efectivas ante las dificultades planteadas.

*Mi sugerencia para mejorar el hábito de pensamiento sistémico es aplicar las recomendaciones que se dan en el subcapítulo 2.7.3.3 del tomo I como también considerar la aplicación del enfoque de procesos según estipulado en la normas internacionales ISO 9001 y 9004, las cuales le invito a indagar en Internet como también aplicar la metodología AMEF (Análisis Modo Efecto de Falla) (ver *1.1), esta es una metodología sistemática para identificar los potenciales riesgos o fallas en un contexto dado que ayuda habituar a pensar de manera preventiva, analizando el modo de fallas y posibles peligros (efectos) de una situación dada, luego determinar las potenciales causas que podrían originarlos y plantear las acciones a ejecutar (acciones preventivas) para así evitar o disminuir estas fallas.*

3.- El poco hábito de ser metódico (ya que el supra sistema nacional no es exigente al respecto).

Sugiero que tanto en la crianza, como en la economía y en la educación se desarrollen estrategias para estimular el hábito de ser metódico y una de las vías es ejercitar la fuerza de voluntad para mejorar la disciplina como se trató en el subcapítulo 2.9.1.1 del tomo I.

La causa (B) "gran concentración de poder en las jerarquías superiores" influenciada por varias sub causas:

1.- La mejor calidad de vida se obtiene ascendiendo de cargo (aumentando salario). Esto estimula la competitividad, la ambición positiva y el desarrollo de las destrezas personales para afrontar mejor y con éxito los retos, dentro de un marco de meritocracia con integridad. Esto a mi parecer es positivo para el desarrollo del país.

2.- Los diferentes niveles jerárquicos no estimulan una franca comunicación ni el adecuado empoderamiento.

Estimular y preparar a cada quién como si fuese un CEO (esto se llama empoderamiento), con respeto, responsabilidad y adiestramiento, esto sube la auto-estima y de esta manera se logra mayor confianza entre uno y el otro, creando un ambiente de armonía la cual estimula la franca y efectiva comunicación y éxito.

3.- Contexto actual (marxista) del país con alto controles, los cuales exigen según "la legalidad" mayores esfuerzos y recursos que no agregan valor al negocio medular.

La causa (C) "egoísmo" influenciada por:

.- Modelaje egoísta desde la crianza y en el entorno (supra sistema nacional).

El supra sistema nacional no incentiva a desplegar el altruismo más bien se ha acentuado el materialismo personalizado con la globalización que incentiva más aún al egoísmo. *Con la revolución chavista (marxista) este comportamiento egoísta se ha mantenido. Para minimizar esta tendencia, ver sugerencias en el subcapítulo 2.9.4.2 del tomo I.*

<u>Caso real de éxito</u> (E)

Debido al desfalco financiero que se inició en Estados Unidos alrededor del año 2008, las empresas transnacionales se dieron cuenta que a pesar de tener auditorias interna estas no garantizaban evitar tales delitos, es por ello que decidieron a tomar acciones para vacunarse contra este grave delito,.

Es por ello que la empresa transnacional manufacturera en la cual trabajo, desde el año 2010 le ha dado re direccionamiento a su gestión organizacional, considerando los valores como la confianza, la integridad y la resiliencia (capacidad de aguante y viendo las cosas de manera optimista) como fundamentos de convicción de sus líderes a nivel mundial, para tomar sus decisiones.

Se rediseñó la arquitectura organizacional considerando dichos valores hacia el cambio de cultura respectivo. Este se aplicó en todas las plantas del mundo de esa empresa; buscando estandarizar dicha cultura en esos países.

Por otro lado, esta dificultad genera retos, ya que la diversidad de culturas y de modos de pensar de los diferentes países, genera un gran caldo de cultivo para la innovación; por supuesto, esto es un gran reto en saber utilizar este gran recurso "cognoscitivo" mundial de las diferentes fábricas.

Para lograr dicho cambio cultural, se dio inicio al programa de entrenamiento a los gerentes de las diferentes plantas del mundo sobre liderazgo (basado en valores). Así que se diseñaron 3 módulos de entrenamiento, el primer módulo enfocado a "conocerse a sí mismo" para así reconocer y evaluar los valores personales versus los de la organización. La idea es que las personas puedan alinear ambos para que de esta forma trabajen a gusto en la organización (sin conflicto de valores).

El segundo módulo es "liderar con otros" dentro de su empresa y el último, es liderar entre los colegas de las diferentes plantas del mundo (globalización).

La empresa ha enviado a muchos de sus líderes a entrenarse a Europa en el mencionado programa de liderazgo, que ha sido de alta calidad.

Una pregunta, amigo lector: ¿Cuántas empresas públicas y privadas a nivel nacional invierten en sus líderes para afianzar una cultura empresarial basada en valores?

La estrategia es lograr el cambio de cultura organizacional a través de una masa crítica de líderes con un despliegue comunicacional y un modelaje de éstos, alineados hacia el cambio organizacional deseado.

En dicho proceso, se definieron los indicadores clave y la forma de medirlos. También se definieron las herramientas o métodos de apoyo (con su debido entrenamiento) a la mejora de la gestión; posteriormente siguieron auditorías a dicho proceso a nivel global; de esta forma evaluando el avance e identificando las mejores prácticas que pueden ser compartidas con el resto de la organización.

Dichas auditorías se han enfocado a evaluar el proceso anterior como sus resultados y tendencias tangibles en rentabilidad y crecimiento.

Uno de los frutos obtenidos en Venezuela es que se ha logrado un buen clima laboral, lo cual es muy apreciado hoy en día en el contexto país.

Por supuesto que ha habido resistencia al cambio y la seguirá habiendo particularmente por dos factores:

.- Temor al cambio

.- Sentirse cómodo con sus creencias por haber sido exitoso hasta la fecha.

Las estrategias para afrontar dicha resistencia han sido: a) desplegar una buena comunicación a todos los trabajadores al respecto, b) el modelaje coherente de los líderes hacia dicho cambio; c) la realización de auditorías para evaluar la puesta en práctica de los métodos aplicados como de sus resultados. Todo lo anterior revisado en caso requerido ajustado por la alta gerencia.

Podría decir que este cambio ha sido exitoso con un 85% de cumplimiento.

Finalmente, la gran clave de todo esto ha sido el convencimiento y el apoyo de los dueños de la empresa hacia tal cambio, aprobando estrategias y recursos para ello.

2.14.2 Modelo de grados de cultura social (E)

La figura 2.19 muestra modelo que he diseñado identificando 3 niveles o grados de avance de cultura social donde el 1er grado es de menor avance y el 3er grado es el máximo nivel.

El primer nivel titulado "Dependiente" señala varias características o comportamientos sociales específicos, lo ilustro con el siguiente ejemplo del

Metro de Caracas: al abrir sus puertas los vagones, las personas salen y entran como si fuesen animales para sentarse o ubicarse dentro del vagón.

Otro caso ocurrió cuando presencié a un conductor de taxi, quien se paró en un semáforo al frente de un policía de tránsito para discutir con él, de repente el taxista comenzó a golpear al policía al frente de nosotros (los demás conductores).

En este primer nivel cultural, la autoridad es percibida como enemiga o irrespetada ya que hay sistema legal pero no de justicia, observándose esta anarquía en los países subdesarrollados.

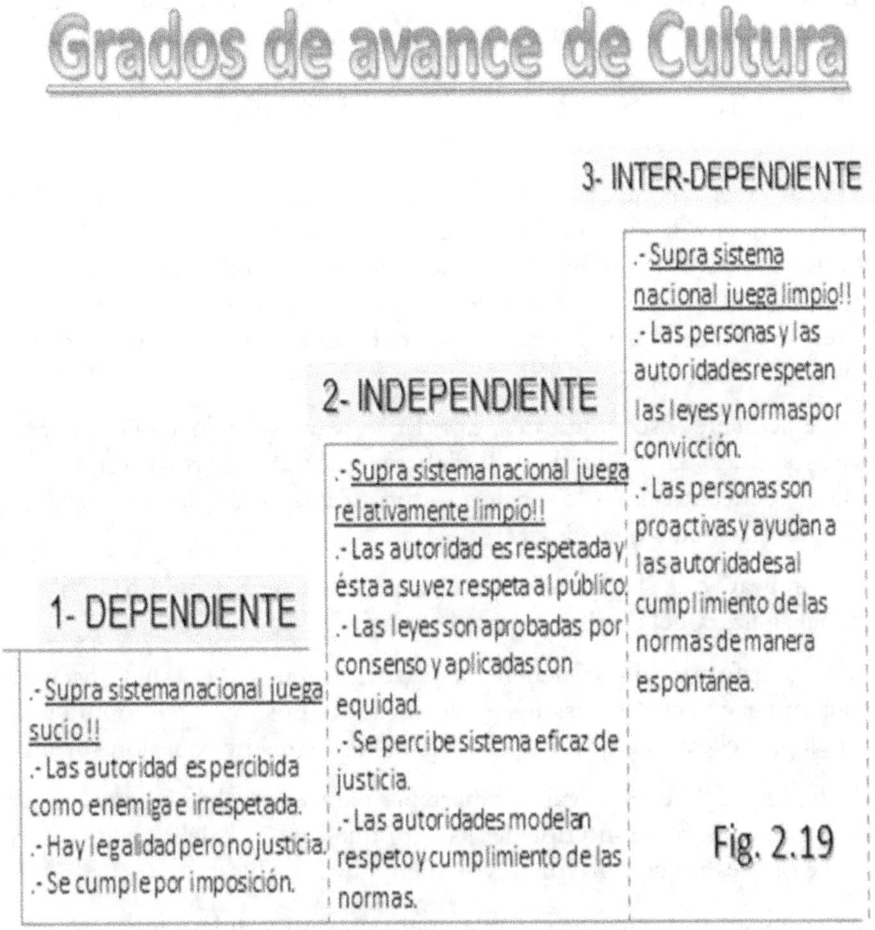

Grados de avance de Cultura

3- INTER-DEPENDIENTE

.- Supra sistema nacional juega limpio!!
.- Las personas y las autoridades respetan las leyes y normas por convicción.
.- Las personas son proactivas y ayudan a las autoridades al cumplimiento de las normas de manera espontánea.

2- INDEPENDIENTE

.- Supra sistema nacional juega relativamente limpio!!
.- Las autoridad es respetada y ésta a su vez respeta al público.
.- Las leyes son aprobadas por consenso y aplicadas con equidad.
.- Se percibe sistema eficaz de justicia.
.- Las autoridades modelan respeto y cumplimiento de las normas.

1- DEPENDIENTE

.- Supra sistema nacional juega sucio!!
.- Las autoridad es percibida como enemiga e irrespetada.
.- Hay legalidad pero no justicia.
.- Se cumple por imposición.

Fig. 2.19

El 2ndo grado cultural lo denomino "Independiente" en donde se muestran características sociales dadas especialmente en países en vía de desarrollo tales como las leyes que son aprobadas por consenso buscando cierta equidad, también las autoridades modelan respeto y cumplimiento de las normas y el supra sistema nacional juega relativamente limpio.

El último y 3er grado de avance cultural, lo titulo "Inter-dependiente", este corresponde a comportamiento de los países ricos y desarrollados, en los cuales tanto las personas y las autoridades respetan las leyes y normas por convicción, el supra sistema nacional juega limpio, entre otros.

Según el actual comportamiento social del país, ¿en qué nivel usted ubica actualmente a la sociedad? Su respuesta le dirá el nivel de desarrollo en que estamos.

2.14.3 Barreras para el cambio o transformación

Como se indicó en el subcapítulo 2.13 del Tomo I, sobre la transformación positiva personal, esta se iniciará cuando las actitudes personales no positivas sean reemplazadas por otras positivas, dentro del marco del "Uso y Costumbres" de la sociedad, con ello progresando de manera sostenible en el país.

Una de las creencias que impide el progreso social es que damos prioridad a "el Poder" que nos brindará riquezas. Luego, en orden de importancia la de tener "Relaciones con los demás"; ya que con ello obtendríamos con mayor rapidez y facilidad lo que queramos del Supra Sistema Nacional. Por último, con menor importancia la de buscar la mejora continua hacia la mejora de la a "la productividad".

Lamentablemente, ese orden de prioridad es inverso a lo requerido para progresar. Así pues "la productividad" debería tener una mayor prioridad, de esta manera se incentivaría a los mejores a postularse como líderes sociales y habría progreso sostenible en el país.

Es de indicar que la transformación personal en conjunto con la institucional agilizarán el cambio positivo "cultural".

Ambas transformaciones tienen similares barreras "el subconsciente personal como el colectivo" basados en creencias no positivas que son un gran lastre para lograr el cambio que queremos para el progreso y cohesión social.

En la figura 2.20 se observan las barreras para el cambio cultural, están representadas por la parte inferior del iceberg que está por debajo de la línea de observación y es mucho mayor su volumen que la visible.

Así pues el lastre al progreso que origina la parte inferior del iceberg (subconsciente colectivo) que incluye creencias y actitudes no positivas algunas indicadas anteriormente y otras como el egoísmo, el facilismo y poca atención a la moral impiden el avance que se quiere lograr de manera "consciente" con el cambio cultural hacia el progreso y cohesión social.

Por otro lado, es importante añadir que en nuestro subconsciente cultural están enraizadas y mezcladas creencias africana, indígena y europea.

Para ilustrar lo anterior, una de las creencias africana está vinculada con la religiosidad (muchas de ellas paganas) parecidas a los "shamanes" suramericanos; otra de sus creencias es la no violencia; mientras que una creencia indígena, podría ser el gran respeto y amor a la naturaleza. Finalmente, una creencia europea es la gran importancia que se le da al tiempo, ilustrándolo con el siguiente axioma: "el tiempo es oro".

Barreras para el cambio de cultura.

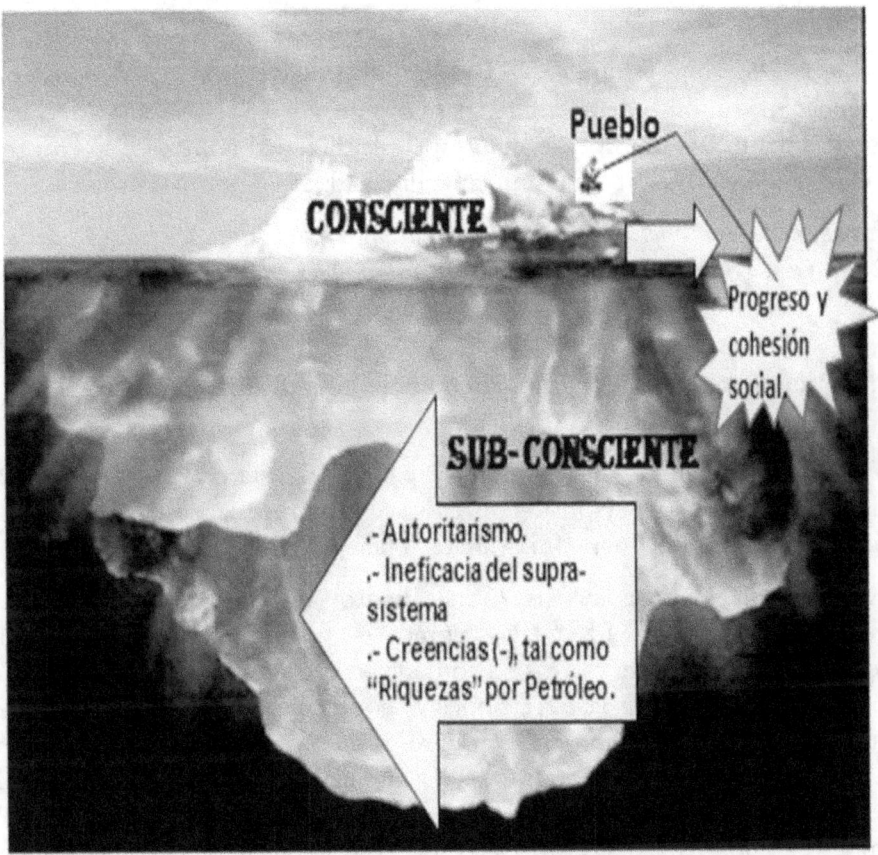

Fig. 2.20

Igualmente la resistencia al cambio ocurre en las personas que no quieren moverse de su zona de confort debido a su egoísmo, conformismo y poca aspiración, ambos alimentados por el populismo. Adicionalmente, observo bajo discernimiento en la mayoría de las personas que aunado a las tácticas de "desinformación" por parte del gobierno impiden darse cuenta de la realidad y así su transformación personal.

También se presentarán contrafuerzas originadas por las tendencias comunistas que tratarán de obstaculizar dicho proceso, utilizando por ejemplo, el saboteo, las guerrillas, la infiltración de agentes distorsionadores de la percepción en la sociedad (propaganda) patrocinadas por cuerpos de la inteligencia cubana y rusa.

Adicionalmente a las creencias culturales hay que tomar en cuenta otro factor importante en nuestro comportamiento como es el clima, para ilustrar esto, comparemos la región andina (clima frío y montañoso) con la región del sur del país (caluroso y selvático), cada región tiene su micro clima y cultura social asociada de alguna forma diferente y separada; es por ello que tanto las creencias culturales como el tipo de geografía inciden en la cultura general del sector en cuestión.

Es por ello importante entender bien todo el contexto que afecta la resistencia al cambio, para tomar las estrategias y acciones correctas e integradas dentro de un proceso que respete la dignidad humana y su entorno, con el objetivo de buscar "la unión en la diversidad".

En virtud de lo anterior, recomiendo diferenciar las estrategias de cambio (indicadas más abajo) de acuerdo a la región del país, siguiendo los principios del federalismo.

2.14.4 Propuestas para enrumbarnos hacia país desarrollado (P)

Uno de los objetivos de la visión de país propuesta es la equidad de las Instituciones hacia las personas, con ello se disminuye la desigualdad social, según lo propuesto y se logra una variada, eficiente y sostenible economía.

En la figura 2.21, se muestra nonecahedro (figura de 9 lados) con las actitudes positivas deseadas tales como el respeto, el altruismo, alto discernimiento, progresista y otros en conjunto con las otras tres dadas como el humor, el matriarcado, las relaciones conformando el nuevo "uso y costumbre" de la población para el progreso del país. Para llegar allí, se debe apoyar y fortalecer la gestión de la familia para que esta escuche empáticamente y aplique las leyes y preceptos espirituales positivos en la crianza de los hijos. Esto elevará la conciencia del ciudadano interrelacionándose adecuadamente con el suprasistema nacional que de esta forma tenderá actuar con imparcialidad hacia los ciudadanos dentro de un poder descentralizado de República, con una macroeconomía sana en libertad de mercado y actuando con integridad y líderes sociales de acuedo al nuevo perfil,esperado e indicado en el subcapítulo 2.16.

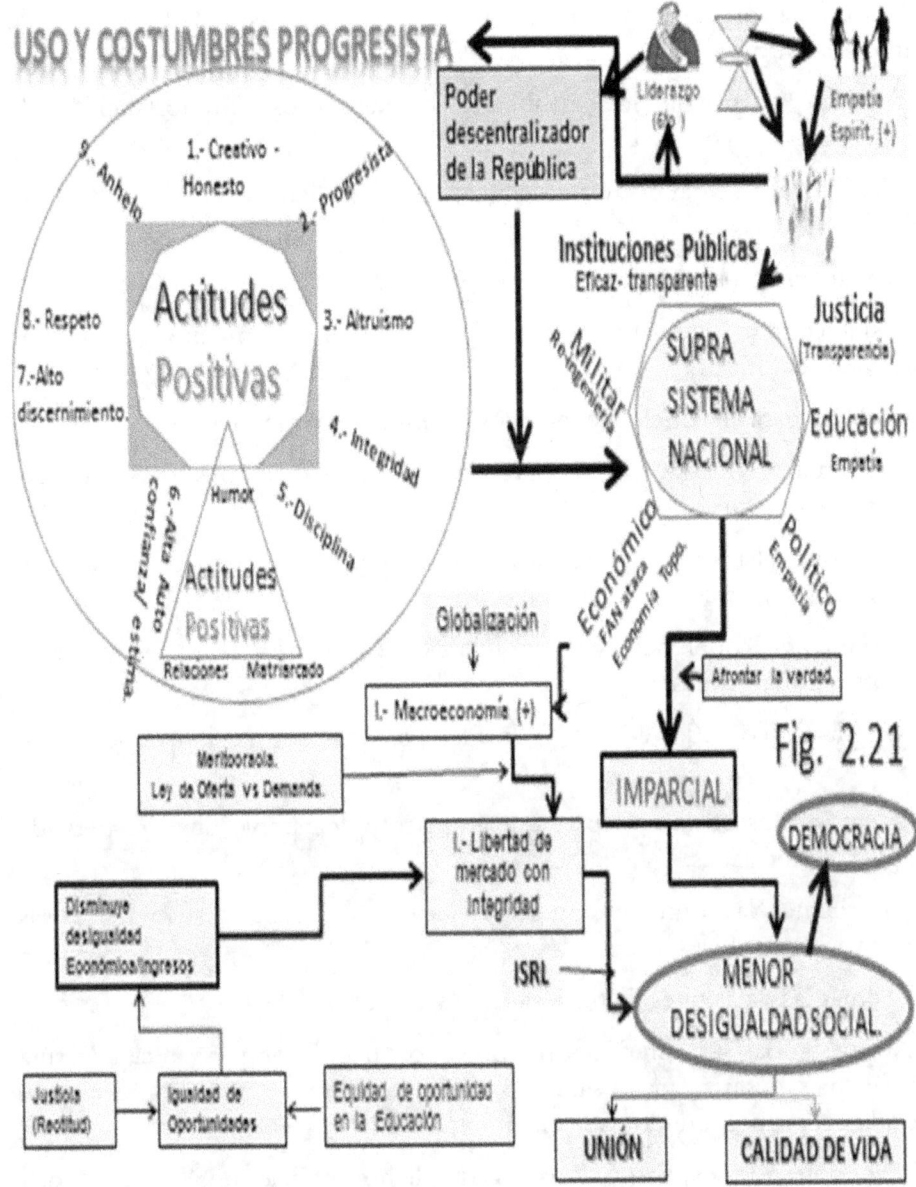

Fig. 2.21

Es importante indicar que la gestión económica dentro de un mercado global con libertad, integridad, meritocracia y dominada por la ley de la oferta-demanda creará desigualdad económica pero si brindamos igualdad de oportunidad en educación y las instituciones públicas tratan con imparcialidad a todos, entonces se disminuirá la diferencia económica/ingresos. Aunado a esto, si se aplica un impuesto equitativo sobre las ganancias, entonces habrá mayor posibilidad de disminuir la desigualdad social.

Lo anterior dará como frutos la unión social, calidad de vida y fortalecimiento de la democracia.

A continuación se proponen algunas tácticas para que dicho proyecto de cambio sea exitoso:

.- Estrategias psicológicas resaltando los beneficios e importancia de la Moral en la calidad de vida

.- Usar nueva semántica en el lenguaje para facilitar el cambio a nivel del subconsciente.

.- Crear simbolos que representen el proyecto.

.-Establecer organización con equipos de alto desempeño y objetivos estratégicos definidos.

.- Educar para elevar el nivel de pensamiento y de consciencia.

.- Estimular las condiciones para dar soluciones innovadoras ante los grandes retos planteados.

.- Elaborar plan del proyecto usando por ejemplo diagrama de Gantt para hacer debido seguimiento.

.- Mantener coherencia de los líderes de acuerdo a la visión de la transformación propuesta.

.- Sentirse incómodas e insatisfechas las personas con el status quo, actual del país.

.- Remover los obstáculos para que el proceso de cambio fluya, respetando a las partes interesadas.

.- Aumentar la comunicación estratégica con calidad y adaptarse a las situaciones.

.- Tomar las decisiones de manera clara y efectivas.

Así pues todas las anteriores premisas son necesarias para iniciar la ruta hacia un país desarrollado, usando la analogía de una "casa" como cultura anhelada del primer mundo dada en la figura 2.22.

A continuación explico las partes de dicho modelo de "la casa" que representa la cultura anhelada para ser país desarrollado. Su techo corresponde a la visión de país.

149

"Modelo de Cultura propuesta hacia País Desarrollado."

Fig. 2.22

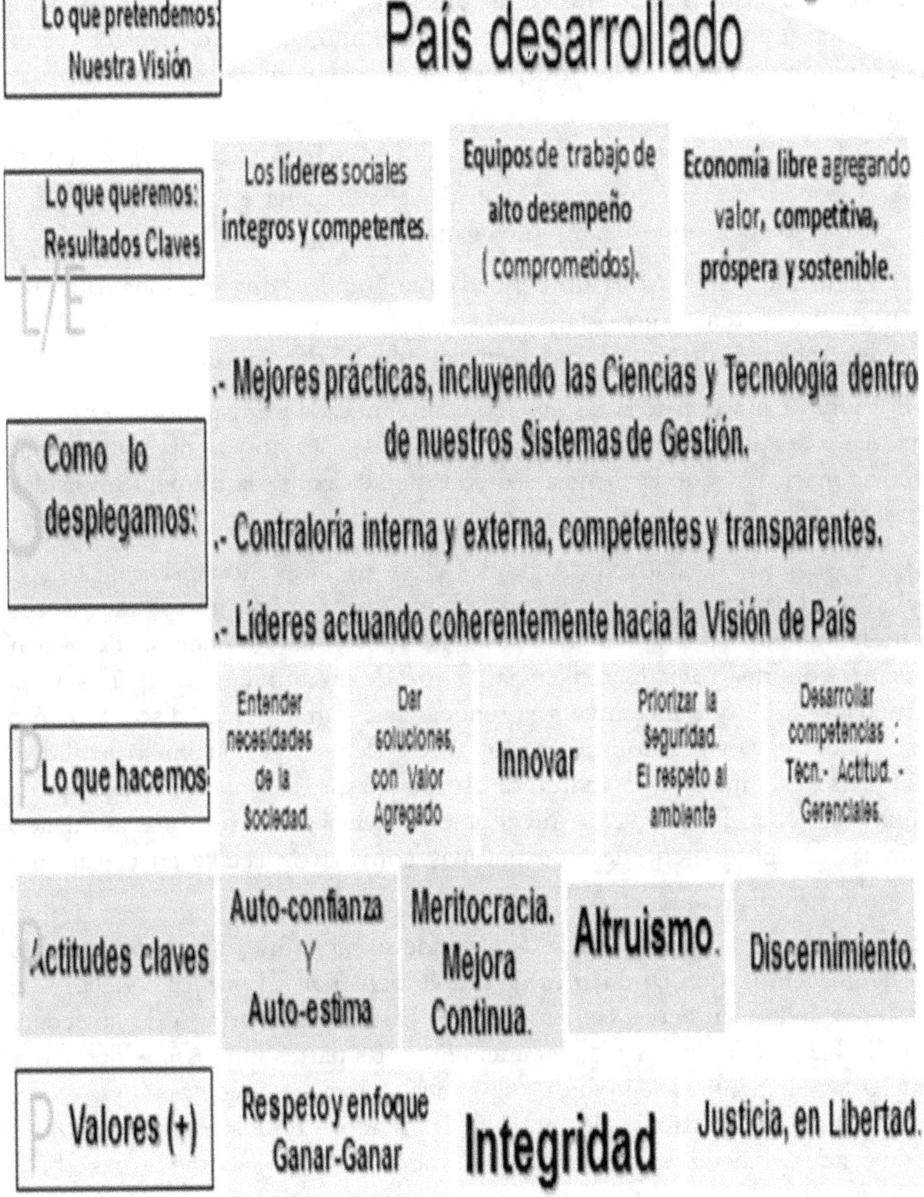

País desarrollado

Lo que pretendemos: Nuestra Visión

Lo que queremos: Resultados Claves
- Los líderes sociales íntegros y competentes.
- Equipos de trabajo de alto desempeño (comprometidos).
- Economía libre agregando valor, competitiva, próspera y sostenible.

Como lo desplegamos:
- .- Mejores prácticas, incluyendo las Ciencias y Tecnología dentro de nuestros Sistemas de Gestión.
- .- Contraloría interna y externa, competentes y transparentes.
- .- Líderes actuando coherentemente hacia la Visión de País

Lo que hacemos
- Entender necesidades de la Sociedad.
- Dar soluciones, con Valor Agregado
- Innovar
- Priorizar la Seguridad. El respeto al ambiente
- Desarrollar competencias: Técn.- Actitud.- Gerenciales.

Actitudes claves
- Auto-confianza Y Auto-estima
- Meritocracia. Mejora Continua.
- Altruismo.
- Discernimiento.

Valores (+)
- Respeto y enfoque Ganar-Ganar
- Integridad
- Justicia, en Libertad.

Quiero indicar que en el extremo izquierdo de cada fila de dicho modelo, se muestran algunas letras que identifican los respectivos responsables de cada fila; así pues, la letra P significa Personal; S, Sistema; L, Liderazgo y E, Económico.

Dicho modelo de cultura deseada representada por la "casa" tiene como su Fundación (valores y actitudes clave) representadas en las dos primeras filas o franjas del modelo y es de inherencia personal. Luego sigue su Piso (lo que hacemos) en la 3era franja también con responsabilidad personal , luego sus Paredes (como lo desplegamos) en la 4ta franja guiado por el sistema, su Estructura Superior o ático (los resultados clave) en la 5ta franja controlados por el liderazgo y el aspecto económico. Por último, el Techo (nuestra visión) en la última franja, que corresponde a nuestra meta de ser un país desarrollado"

La primera fila relacionada a los valores que es de inherencia personal (P) tiene el respeto como el principal, aunado a la escucha empática para lograr consenso bajo el enfoque ganar (yo) y ganar (tú).

El siguiente valor es la Integridad que implica una persona que sea auténtica y coherente (honesta, respetuosa, responsable) de acuerdo al 5to nivel de conciencia de figura 2.5 del subcapítulo 2.5 del tomo I

Por último, el valor de la justicia (equidad) aplicada por las instituciones del Estado a todos los ciudadanos; lamentablemente, esto hoy en día brilla por su ausencia, haciendo que la Justicia sea considerada como la primera necesidad de nuestra sociedad, quién está pidiendo esto a gritos.

En la segunda fila, titulada Actitudes clave de inherencia personal (P), se resaltan las la auto confianza y la autoestima que son los tesoros intrínsecos del individuo para su éxito en la vida; seguido por el hábito personal de buscar la mejora continua hacia la excelencia, dentro de un ambiente de meritocracia en mercado libre que incentive a aprender y así lograr mayor discernimiento que brinde mayor valor agregado a los demás y con mejor calidad. Finalmente, está incluido la actitud de Altruismo que es opuesto al egoísmo y es una consecuencia del mayor nivel de consciencia de la persona, alcanzado según las anteriores actitudes y explicadas con mayor detalle en el capítulo 2.13.1 del tomo I.

Siguiendo con la analogía de la casa donde su piso (3ra franja) corresponde a lo que hacemos, que también es de índole personal. El primer concepto de esta franja indica entender las necesidades básicas y latentes de la sociedad, para ello hay que interactuar directamente con las partes interesadas del país y escucharlas de manera empática (hay metodologías y técnicas para ello), también tener alta flexibilidad mental deslastrándose de los prejuicios, con el fin de darles soluciones innovadoras (usando metodologías modernas), bajo un clima de libertad, respeto tanto a la propiedad privada como de expresión y trato equitativo por parte de las Instituciones públicas hacia las personas, según lo indicado por la Constitución.

El otro concepto de este tercera franja es la de priorizar la seguridad personal y jurídica (clamor número uno del país) explicado con detalles en el subcapítulo 1.2 hacia el logro de la paz. Adicionalmente, respetar el medio ambiente, de tal forma de no perturbar ni destruir los ríos, ni los árboles ni las montañas ni los micro-climas ni los pajaritos, para así dejarles esta herencia a nuestras futuras generaciones.

Siguiendo ahora con la 4ta franja de dicho modelo de la casa que corresponde a las paredes, donde el primer cuadro corresponde a la ejecución de las mejores prácticas, por ejemplo la aplicación del círculo de Deming en la mejora continua del Sistema de Gestión Organizacional tanto en el sector público como en el privado. Dicha gestión debe ser medible, evaluada y auditada por contralores/auditores competentes, independientes y transparentes en dichos sectores. En el subcapítulo 1.1 se profundiza al respecto.

Siguiendo con el símil, sigue la 5ta franja relacionada al ático de la "casa", con vigas (objetivos) que soportan la visión anhelada (el techo).

Dichos objetivos son:

    a)   Líderes sociales coherentes a la visión y preferidos por los ciudadanos, que satisfacen sus necesidades básicas y latentes, no son solo carismaticos, sino efectivos y con integridad.

    b)   Estos líderes sociales estimulan y generan condiciones para la conformación de equipos de trabajo de alto desempeño, a nivel nacional que den soluciones a los problemas de manera efectiva.

    c)   Lograr crecimiento económico_bajo un clima de libertad y esquema Federal que agregue valor a la sociedad, con calidad de exportación, generando riquezas, paz y prosperidad a todos, de manera sostenible en el tiempo.

Finalmente, la 6ta y última franjacorresponde a la visión anhelada de ser un país desarrollado de manera sostenible y sustentable. Va cónsona con la sugerida por el autor de este libro, que debe ser discutida y consensuada por los organismos de la sociedad para ser luego desplegada a nivel nacional.

2.15 Situación política actual del país (P)

2.15.1 Necesidades básicas y latentes de las personas hacia el Sistema Político

En la figura 2.23, se identifican algunas necesidades básicas y latentes (expectativas)que esperamos las personas de este país del sistema político, usando la técnica del Mapa de Empatía explicado en el sub capítulo 3.9.3 del tomo I.

Así pues invito a los líderes políticos para usar esta herramienta y así identificar tanto las necesidades y expectativas de las partes interesadas del país tales como los gremios, las madres de familia, los sindicatos, entre otros.

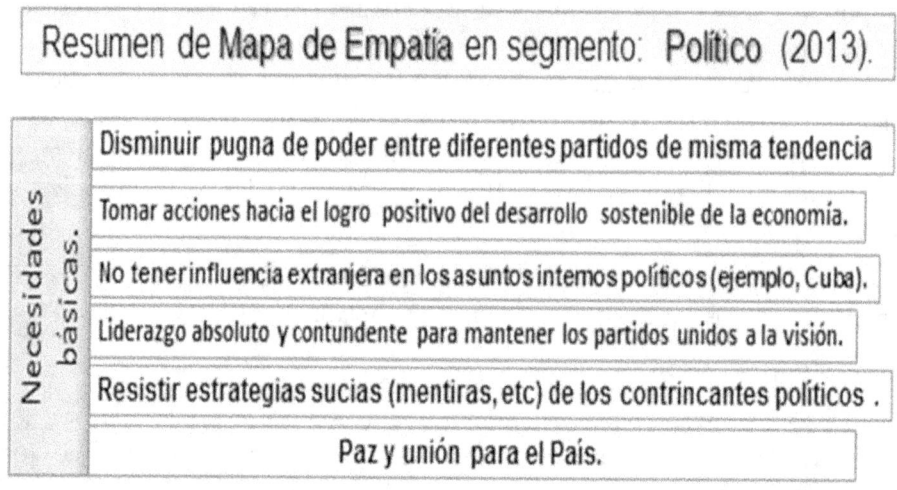

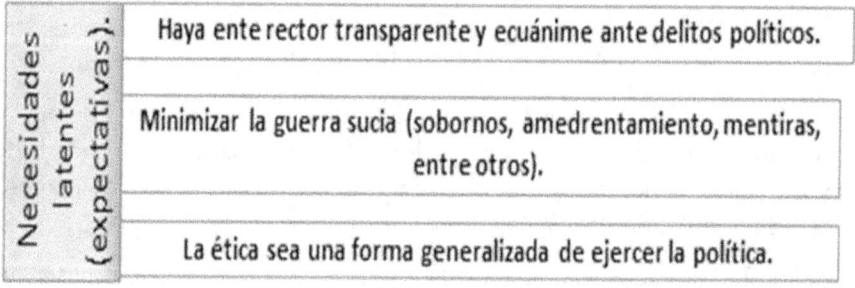

Fig. 2.23

De acuerdo a lo indicado en el Mapa de Empatía, este muestra tanto las necesidades básicas como latentes (expectativas) de lo que yo espero del sistema político,mencionando entre las principales la de lograr la paz y la unión; minimizar la guerra sucia yfinalmente,tomar acciones hacia el desarrollo sostenible de la economía.

Con el fin de identificar las acciones correctivas idóneas para satisfacer dichas necesidades, primero tomé las necesidades identificadas anteriormente luego apliqué la técnica del QFD (Quality Function Deployment) comentada en el subcapítulo 3.9.3 del tomo I, obteniendo los siguientes resultados:

1.- Con 378 puntos: mejorar el nivel de competencias del liderazgo político tal como su preparación educativa, donde se incluya su competencia técnica y científica, competencia actitudinal de saber escuchar tomando la integridad como convicción de vida y finalmente tener las competencias gerenciales para que pueda ser catalizador de la transformación positiva del supra sistema nacional.

Los mejores gerentes del sector privado (reconocidos por meritocracia) no se meten a cargos públicos porque saben que sus respectivos jefes serían políticos quienes en su mayoría no tienen buenos principios ni las competencias para que sean sus respectivos jefes; adicionalmente, tendrían que dejar su ocupación o profesión para ocuparse en el cargo político que muchas veces es relativamente de poca duración.

Por el contrario, el sistema político ha atraido más bien a mucha gente fracasada, mediocre y abortada por el sistema productivo y estas son presas fáciles de la corrupción. Para estos, los cargos públicos son coronas que les permiten enriquecerse ilícitamente a corto plazo y con impunidad.

2.- Con 308 puntos: minimizar las prebendas que tiene el poder político sobre las Instituciones del Estado y de la economía.

Una manera podría ser la de eliminar los poderes especiales al presidente para no caer en la gran cantidad de abusos "legales" e injustas por pérdida de la independencia de las instituciones públicas en que hemos caído.

3.- Con 306 puntos: denunciar con evidencias y tener resiliencia hasta lograr que la verdad se imponga con justicia.Para ello las instituciones públicas especialmente el Sistema de Justicia y el C.N.E. sean independientes, transparentes e imparciales como se propone en el subcapítulo 1.2. Debemos ir hacia allá para fundamentar la verdadera democracia, mientras tanto los líderes íntegros deben soportar el maltrato e injusticias que hasta ahora el gobierno actual ha incurrido.

4.- Con 213 puntos: deslastrarse de la influencia externa, por ejemplo de Cuba/Rusia con sus tácticas cívico-militar que impiden la unión de los venezolanos e inclusive quieren distorsionar el gentilicio nuestro en todos los ámbitos inclusive en el espiritual, forzando a algunos en practicar la santería. Entre sus tácticas están la de adoctrinar a la sociedad cívico-militar al marxismo como también usar las fuerzas nacionales contra el propio pueblo venezolano que dicrepa de su gestión, con el fin de amedrentarlo y someterlo.

2.15.2 La Mesa de la Unidad Democrática (MUD)

Esta mesa se formó con la alianza de partidos opositores al Patido Social Unico Venezolano (PSUV) con principios marxistas- leninistas guíados con tácticas castrocomunistas.

Los líderes de esta mesa opositora según Diego Arria han sido complacientes, ingenuos y temerosos con el gobierno, ilustrándolo con el ejemplo de no denunciar formalmente a Chávez, ante la corte penal internacional. Además, él ha indicado que la alianza partidista se ha formado desde la perspectiva del interés y no de la convicción; para mí esto es debido entre otras cosas, que dicha alianza no tiene claramente definida una visión, misión y valores compartidos por todos ellos.

En la figura 2.24 se muestra diagrama de Ishikawa de causas que hacen que la MUD sea vulnerable ante los ataques del castro-comunismo del gobierno actual. En la parte inferior de dicha figura se indican propuestas para contra restar dichas ataques; entre ellos, está la de asesorarse con inteligencia de alto calibre contra la G-2 y los rusos; definir por consenso la visión, misión y valores de la MUD sugiero enfocarse hacia un sistema democrático dentro de un mercado libre con sector público y privado gestionando con Integridad.

Fig. 2.24

Es de indicar que la mayoría de los partidos que conforman la MUD son de fisolofía social- demócrata, es decir con tinte centro- izquierdista , cuyos principios sociales están relacionados de alguna forma con el marxismo.

Los verdaderos principios opositores al marxismo son liberales ver subcapítulo 2.11.1 enmarcados dentro del Federalismo; pienso que ninguno partido o muy pocos de ellos tienen dichos principios.

Finalmente, recomiendo diseñar logo para la MUD tomando la figura de una mesa redonda con personas reunidas, esto transmitiría el mensaje subliminal de que todos participan por igual como un solo equipo.

2.16 Nuevo liderazgo requerido para la transformación del país (P)

2.16.1 Modelaje

Hemos elegido muchos de nuestros líderes por su oratoria y no por lo que realmente son. Hemos sido engañados en las campañas publicitarias electorales que muestran solo sus caras ufanas quienes al llegar al poder demuestran su verdadero yo ambiciosos-egoístas, con poco profesionalismo y nivel de consciencia, generando resultados no positivos al país.

El bajo nivel de conciencia y discernimiento de la gran mayoría de los líderes sociales del país, no les permite entender el contexto de los problemas de la nación de manera sistémica, por lo que sus decisiones son tomadas de manera parcelada o sesgada, originando con ello inestabilidad y falta de armonía en los resultados.

A continuación ilustraré con un ejemplo el bajo nivel de competencias de muchos de nuestros líderes sociales. Usaré a un líder de una Junta Comunal; tristemente gran parte de ellos tienen similares actitudes negativas (parte de nuestra cultura disruptiva) como la ignorancia, el egoísmo y el facilismo, que influyen en su inadecuada gestión.

El referido líder exigía soluciones a una subcontratista de PDVSA que les estaba construyendo casas (bajo la Misión Vivienda) en su comunidad, pero este no se inovolucraba en la solución; por otro lado, actuaba con desconfianza contra los representantes de dicha constructora.

Considero que esto se debió a su desconocimiento técnico, su inadecuada competencia actitudinal y a su bajo nivel gerencial pero si tenía gran interés en buscar beneficios personales (egoísta), a corto plazo.

Por otro lado, el nuevo escenario anhelado (progreso armónico) del país requiere de liderazgo positivo social como ejemplo, menciono al señor Luis

Alberto Machado, ex ministro de la Inteligencia (revolución de la inteligencia) entre 1979-1984, que implantó técnicas de creatividad e innovación de Edwards de Bono en el sistema educativo nacional para el desarrollo del poder cognoscitivo de los alumnos.

Otro gran personaje y líder positivo es el maestro José Antonio Abreu, quien ha sido el padre de una gran institución como el Sistema Nacional de Orquestas y Coros Juveniles e Infantiles de Venezuela , formando artistas, ciudadanos y líderes de bien.

2.16.2 Perfil requerido (P)

Características personales requeridas del nuevo líder para actuar hacia la visión de país propuesto en este libro:

Los líderes deben tener y actuar según la visión acordada y compartida por todos en el país; además, su mentalidad debe ser abierta, flexible, sin prejuicios para interpretar el contexto de la situación y así dar soluciones creativas, conformando equipos de alto desempeño cubiertos por el manto del respeto y aprecio hacia los demás (no manipular, ni ser farsante) con el enfoque ganar/ganar, de esta forma creando un clima de confianza, para lograr el éxito.

Ahondando un poco más de las actitudes esperadas del nuevo liderazgo, se espera de él/lla modelar el respeto verdadero hacia los otros, sabiendo escuchar con empatía, entender la posición y pensamiento del otro y decidir acorde, siempre en búsqueda de la verdad, con indagación científica y corazón de poeta, sirviendo desinteresadamente a los demás, agradeciendo y dando reconocimientos a los que se lo merecen.

Sin embargo, debe mostrar carácter para mantener su posición firme ante las eventualidades, siendo asertivo (decir lo que piensa, sin herir al otro) como también ser dinámico, esto último es importante y requiere que sea saludable en lo físico, emocional, mental y espiritual, para ello debería de llevar buenos hábitos de nutrición, ejercicios físicos, meditación y mentales para mantenerse en forma.

Para lograr el éxito esperado con su equipo de trabajo de manera eficaz, debe aplicar técnicas moderna gerenciales tales como saber conformar y dirigir equipos de alto desempeño, planificación estratégica, diseño y seguimiento de proyectos, estados financieros, entre otros.

Los cambios que se proponen en este libro requieren de líderes políticos positivos (no politiqueros) con alto nivel de competencias: en los gerencial (tener visión, uso de métodos modernos gerenciales), entender las ciencias y la tecnología, también tener actitud positiva (modelar con integridad), mente abierta minimizando los prejuicios, saber escuchar con empatía, teniendo un verdadero sentido de servicio hacia los demás, en la figura 2.25 se esquematiza el perfil del nuevo "liderazgo".

Perfil del nuevo "Liderazgo"

.- Actitudinal

Espiritualidad (+) >>>> Integridad / Moralidad.

Escucha Empáticamente, minimizando prejuicios.

Persistente y Entusiasta hacia la Visión de País.

Coraje e Innovador ante los Retos.

Expresarse asertivamente.

Carismático y buen Orador.

.- Gerencial

Competente en el uso de Herramientas Gerenciales tales como: la Planificación Estratégica; Generar Equipos de Alto Desempeño; Gestión de Proyectos, Gestión del Cambio..........
Hablar otro idioma preferiblemente Inglés.
Discernir con Enfoque Sistémico e Integrado.
Capacidad de Intuir, con cierto nivel de certeza.

.- Tecnológica

Enfoque científico de análisis de problemas. Conocer las ciencias básicas tal como las Matemáticas, la Física, entre otros, como también entender la Tecnología.

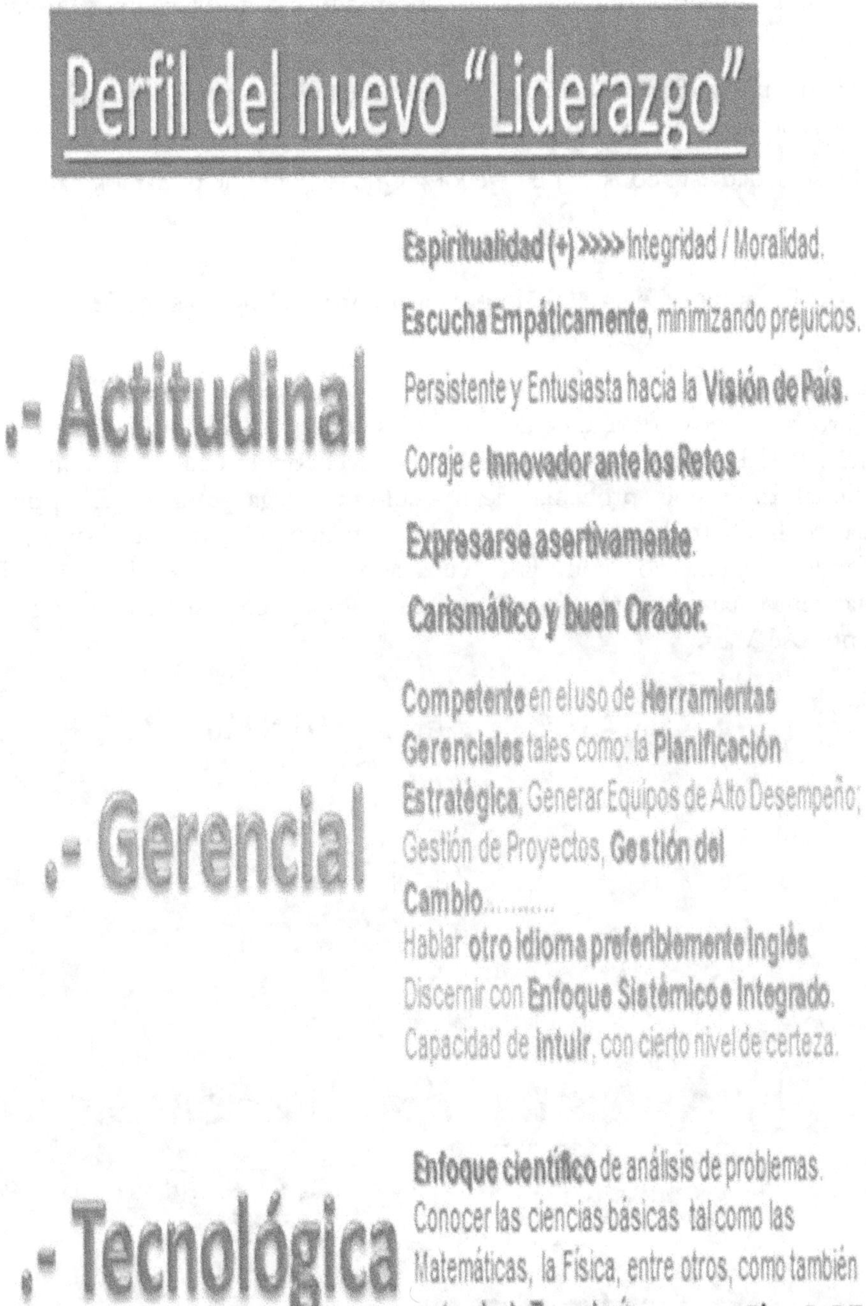

Fig. 2.25

En resumida cuentas, este líder debe estar guiado por la espiritualidad positiva según la figura 2.10

Los líderes positivos buscan y trabajan por la verdad y tienen como una de sus virtudes la humildad que es una característica de las personas con espiritualidad positiva que los incentivan aprender todo el tiempo, buscando actuar con sabiduría, alejándose así de la soberbia o vanidad.

Según su opinión ¿Qué tipo de espiritualidad tienen nuestros líderes actuales sociales?

¿La sociedad está consciente de ello? ¿ Qué sugiere que podamos hacer?

2.16.3 Influencia de escuelas de pensamiento en líderes sociales

En la figura 2.26, se ilustran 2 tendencias de escuela de pensamiento dados en Europa que posteriormente llegaron a las Américas, según (*2.8) la primera escuela, la del "Romanticismo" originada en el Reino Unido, en contra del "Racionalismo" que provenía de la cultura griega antigua. La primera buscando la libertad auténtica, socialismo artístico «el arte por el arte», con profundo desacuerdo con la civilización burguesa (rebeldía creativa, refinamiento narcisista y aristocracia), un ejemplo, en Latinoamérica fue el cubano José Martí.

ESCUELAS DE PENSAMIENTO EN EUROPA.

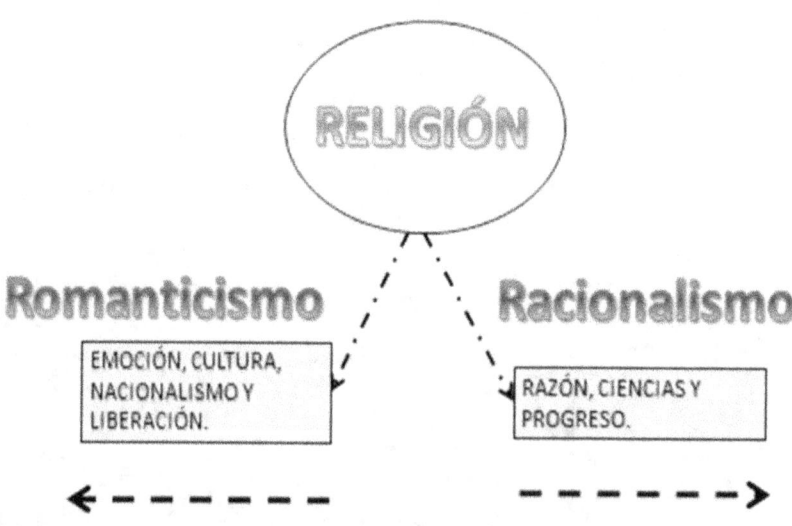

Fig. 2.26

Gran parte de los líderes hispanoamericanos desde la independencia hasta nuestros días han tenido el enfoque de pensamiento romántico dificultando así el desarrollo de las ciencias y de la tecnología y con ello el progreso.

Hoy en día la mayoría de los líderes de los países del primer mundo como los Escandinavos, Canadá y Alemania tienen ambos enfoques de la escuela de pensamiento pero con mayor énfasis en el racionalismo por encima del romanticismo.

En Europa entre estas dos escuelas de pensamiento ha estado la religión, particularmente la cristiana, como factor influyente y regulador en el desarrollo de ambas escuelas.

Considero que la mayoría de nuestros líderes sociales han basado su estilo de pensamiento en la tendencia del pensamiento romántico que enaltece y da énfasis a las emociones, al nacionalismo y a la liberación como ocurre con la revolución chavista, dejando a un lado, la tendencia del uso de la razón, la cual estimula la práctica del diálogo, la búsqueda de la verdad, a través de las ciencias y de la tecnología como vías hacia el progreso de la sociedad.

Aparte de lo anterior, el nuevo liderazgo debe incluir los siguientes enfoques para la transformación positiva del país, estos son:

.- Venezuela primero.

.- Enfocada a necesidades del cliente (las personas en la sociedad).

.- Visión de país acordada por todos.

.- Equilibrar requerimientos de corto plazo con los de largo plazo.

.- Empoderar a otros.

.- Simplificar procesos.

.- Saber comunicarse con los demás, es decir escuchar y hablar bien.

.- Integridad.

2.16.4 Selección (P)

Es necesario para asegurar el futuro éxito del país, definir el sistema de selección de los líderes sociales. Este esquema de selección debe ser revisado y aprobado por todos los partidos políticos, para así evitar líderes negativos que puedan hacer daño al país con su modelaje egoísta, de antivalores y de ignorancia, dejando estela de pobreza , violencia y falta de confianza en el país.

Sugiero que la evaluación de los potenciales líderes de los partidos políticos sea hecha de acuerdo al perfil propuesto en este trabajo y por un comité multidisciplinario que tenga cada partido político.

Este acuerdo debe ser registrado y notariado por todos los partidos políticos para asegurar su cumplimiento en el tiempo.

Esta selección además de lo contemplado en el subcapítulo anterior debe incorporar la evaluación del perfil psicológico de estos futuros líderes. De tal forma de constatar que su oratoria sea coherente con sus actos (credibilidad).

2.17 Evolución de la república (P)

2.17.1 Grados progresivos de la Descentralización

En la figura 2.27 se muestra en forma de tabla, los diferentes grados de descentralización de los poderes de la República, desde el menor grado, a la izquierda al mayor grado a la derecha.

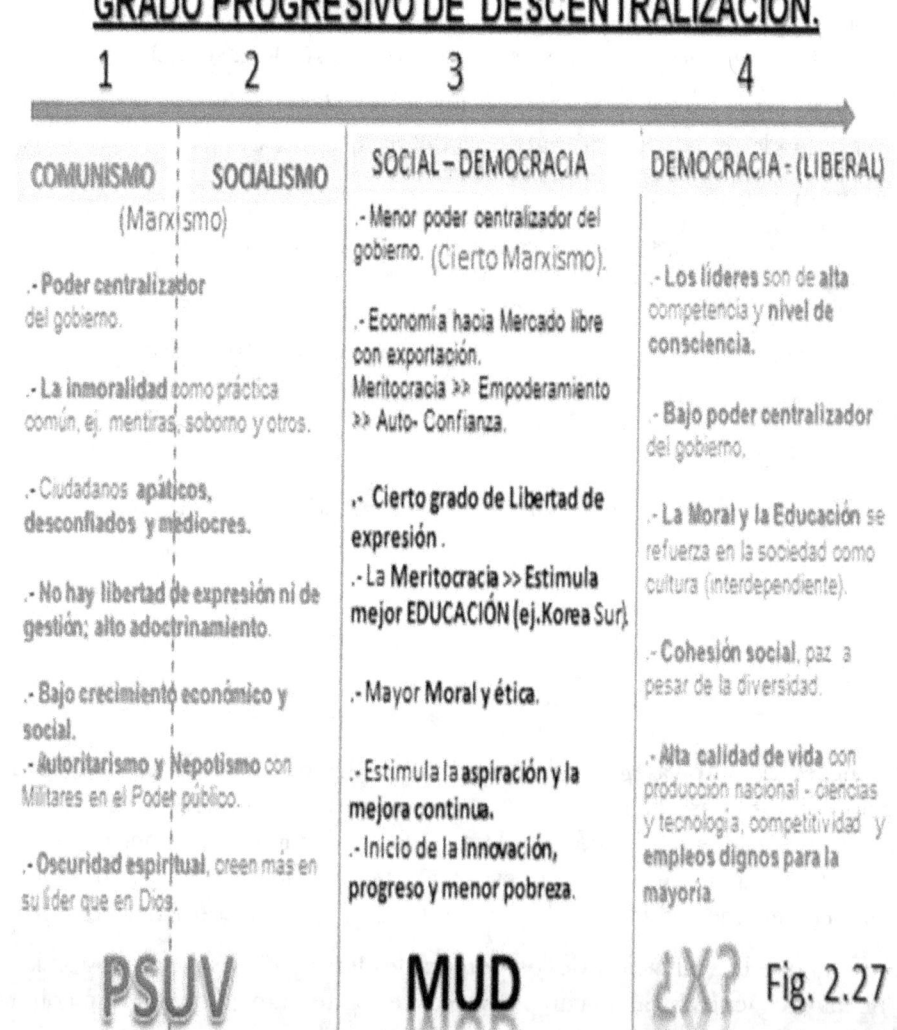

Fig. 2.27

Así pues,esto va concatenado con el nivel de libertad de pensamiento, de acción y con ello de innovación en la generación de riquezas, crecimiento económico y social.

En la columna extrema izquierda de dicha tabla, se muestra el menor nivel de libertad (sistema comunista) con el mayor control del gobierno sobre las instituciones y ciudadanos (1) y la columna (4) de la extrema derecha de dicha tabla, se indica la máxima descentralización de los poderes de la república donde se expresa a su plenitud la libertad, la innovación y la calidad de vida de los ciudadanos.

Al sistema comunista (1) le doy el mínimo valor de libertad individual, seguido por el sistema socialista con (2), luego al sistema democrático-social con (3) y el maximo valor de libertad (4) a la democracia liberal. En cada uno de los cuadros de arriba indico sus respectivos síntomas en la que pueden observar que la moralidad (valores) es muy poco en el grado (1) y tiende a observarse mayor moralidad en los grados superiores.

A mi entender hay pocos partidos políticos en el país regidos con principios democrático-liberal (4), ya que la creencia de la sociedad (subconsciente social) y de los políticos es que el país puede vivir de los recursos naturales y lo que se necesita un gobierno con poder centralizado para distribuir las riquezas. Los hechos históricos han demostrado que esto nos ha llevado al fracaso socio-económico.

Es mi anhelo de ver al país, avanzando progresivamente hacia una república federal-democrática con economía liberal y suprasistema eficaz e imparcial donde los débiles sean tomados en cuenta con solidaridad.

2.17.2 Contexto y tácticas para dar inicio a la transformación positiva del país

Para ir progresivamente avanzar requerimos inicialmente gestionar la transformación personal y paralelamente la transformación institucional como se ha comentado en subcapítulos anteriores.

La figura 2.28 señala que la economía es la fuerza motriz más poderosa para el cambio de poder centralizador, a poder descentralizado de gobierno; ya que de ella depende la calidad de vida del ciudadano y la calidad de gestión del supra sistema nacional.

Factores más relevantes que propulsan el cambio de Gobierno
CENTRALIZADOR a DESCENTRALIZADOR.

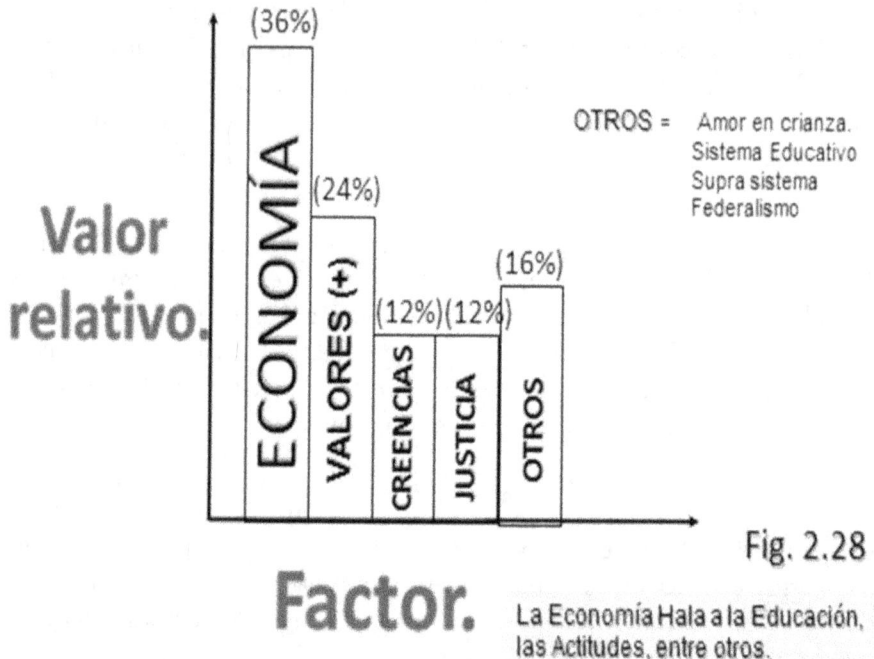

OTROS = Amor en crianza.
Sistema Educativo
Supra sistema
Federalismo

Fig. 2.28

La Economía Hala a la Educación,
las Actitudes, entre otros.

La siguiente fuerza más relevante para el cambio positivo socio- económico es la aplicación y modelaje de los valores (moral) como tomar actitudes y creencias recomendadas en este trabajo; también con la misma firmeza está la equidad en el sistema de gestión de justicia.Finalmente, hay otras fuerzas de menor relevancia que las incluí dentro de "otros" como son sistema educativo, el resto de los sistemas del suprasistema nacional y la implementación del federalismo.

Para forzar aún más rápido el cambio de la república de poder centralizador a poder descentralizado, sugiero restringir el dinero que entra al país, disminuyendo el volumen de producción petrolera al mínimo, forzando de esta manera tanto al gobierno como al pueblo a trabajar unidos con la misma visión económica propuesta en el capítulo 3 de este libro, para así generar empleos dignos y divisas, que impulsen el cambio positivo social, en lo moral y en lo físico dentro de un ambiente de libertad y juego limpio.

Dicha situación estimulará el brote de nuevos líderes sociales quienes inspirarán a los demás a sobre ponerse a las grandes dificultades nacional para unirnos y atacar a nuestros verdaderos enemigos. Este nuevo liderazgo será menos populista y mas realista para enfrentar la realidad; sin prejuicios, en libertad, buscando conocer el contexto real de la situación, aplicando métodos idóneos con alto discernimiento para solucionar los problemas de manera eficaz, satisfaciendo así las necesidades de sus clientes (sociedad).

Con respecto a la consideración de un posible escenario de cambio de timón hacia la auténtica democracia, esta dará inicio con las elecciones a diputados de la Asamblea Nacional; al ganar los demócratas el mayor número de peldaños en dichas elecciones.

Por otra parte, también podríamos imaginar otro escenario, en el cual ocurra una división del PSUV, por el mal liderazgo del actual presidente, creándose una división entre los partidarios del chavismo ""marxistas livianos(socialistas)" y el madurismo "marxistas pesados (comunistas)", que podría llevar a un conflicto social para luego terminar en un Plebiscito.

Otro posible escenario es que después de las elecciones para la Asamblea Nacional, se realice un referendum contra el actual presidente de la República por su mala gestión, quien ha estado aplicando estrategias y políticas comunistas subyugadas al dictamen del "imperialismo cubano/ruso".

Dentro de este contexto, es importante previamente tomar medidas para asegurar un cambio del CNE y del Tribunal Supremo de Justicia hacia la imparcialidad, la transparencia y la eficacia (así respetando la voluntad de la población) y la Constitución Nacional.

Por otro lado, con el propósito de dar mayor ecuanimidad a los futuros procesos electorales de la Presidencia, se propone que el ganador de este proceso lo haga obteniendo un porcentaje de votos igual o mayor al 7% del total, por encima de quién le sigue, si no ocurre así debe irse a otra ronda de votación hasta lograr igual o mayor porcentaje de dicho índice.

A continuación sugiero tácticas adicionales para iniciar el cambio de doctrina marxista a enfoque demócrata-social con principios de mercado libre y actuando con integridad:

Así pues, si usamos el ejemplo del equipo de futbol nacional La Vinotinto, que usó estrategias específicas que les permitió subir de status de cenicienta, al de enemigo respetable, en el futbol latinoamericano.

A continuación señalo dichas estrategias señaladas desde (a) hasta (i) en la lista de tácticas de abajo para la transformación positiva del país:

a) Tanto la alta gerencia del gobierno como de la empresa privada tomen tanto la prioridad como la responsabilidad para gestionar el cambio propuesto, aliándose en dicho proyecto y entendiendo como respetando las creencias regionales.

b) Llegar al alma del pueblo (emocional); ya que todos disfrutamos y sufrimos en el país como un solo equipo (Venezuela).

Tener apoyo psicológico para subir nuestra autoestima y confianza, convenciéndonos de que sí se puede. Cambiar la imagen del equipo frío y perdedor a equipo aguerrido ganador con corazón. Usando para ello estrategias de mercadeo y de semántica (tácticas psicológicas).

Apoyo y seguimiento de psicólogo (con el enfoque de que sí podemos).

c) Definir nuestros nuevos comportamientos (cambiar algunas de nuestras creencias) para así prepararnos para lograr el cambio esperado de manera progresiva y sostenible.

d) Mantener un alto nivel de comunicación, compromiso y disciplina, exigiendo resultados hasta lograrlos.

e) Tener claro las metas y objetivos.

f) Llamar a muchos líderes informales (como madres de familia, líderes estudiantiles, entre otros) para que sirvan de catalizadores para el cambio. Estos líderes deben estar convencidos de los beneficios del nuevo escenario, tener fe y expectativas positivas del cambio, como actuar con pasión, con la verdad, asumiendo su responsabilidad, además aplicando métodos para convencer y arrastrar a los demás.

g) Crear sistemas y formas de gestionar la operación, los entrenamientos y el desarrollo.

h) Evaluar los resultados y ajustar estrategias para acercar los resultados a la Visión propuesta.

i) Mejorar y crecer las escuelas de ciudadanos y líderes, democráticos-liberal con integridad. Por último, tener constancia y paciencia; ya que este proceso le tomó a la Vino tinto más de 20 años.

Con referencia al párrafo a, sugiero invitar a los gerentes y diseñadores exitosos del sector privado para apoyar a la gestión pública como asesores en aspectos relevantes para la sociedad, tal como diseñar y planificar las mejoras de las soluciones habitacionales para todas las clases sociales. Para ello, se les podría pedir un día de su fin de semana a estas personas por un lapso estipulado de tiempo para realizar este trabajo.

Esto sería un aporte de responsabilidad social por parte del segmento privado a la comunidad. Cuando los proyectos se hayan concretados exitosamente, se debe dar reconocimientos y motivación social a estas personas.

Para los casos de discusiones entre dos grupos radicalmente opuestos sugiero usar el esquema siguiente de 6 pasos para llegar a consenso con mayor efectividad. Este esquema podría usarse, por ejemplo, en las discusiones entre miembros del PSUV y la MUD para definir y cumplir objetivos y metas dentro de un ambiente de respeto y colaboración. Los pasos son los siguientes:

1) Acordar y respetar las condiciones de las reuniones, para ello propongo las siguientes reglas: tener propósito claro ¿solución o problema? Circular agenda previa y tiempo de duración. Empezar puntualmente y respetar el tiempo programado. Respetar la opinión

del hablante, escuchar atentamente y evitar interrumpir. No desviarse del tema central, apoyándose más en hechos que en opiniones. Evitar distracciones como reuniones secundarias, celular y material escrito. Elaborar minuta con puntos de acción, responsables y fechas de compromiso.

2) Hacer reuniones en lugares chavistas y en sitios de los demócratas.

3) Convivir por horas en el entorno del otro.

4) Definir en común las metas y los valores.

5) Levantar las necesidades básicas y latentes (expectativas) de las partes interesadas usando alguna metodología gerencial tal como la voz del cliente o mapa de empatía.

6) Tomar acciones y aprender de los equipos de trabajo diversos.

Al inicio es vital minimizar el fanatismo de ideologías políticas (doctrinas), para ello sugiero usar técnicas de escucha empática como también dar a entender a las personas (fanáticas) las técnicas psicológicas que han sido usadas en ellas, para manipularlas, según lo indicado en el sub capítulo 2.9.1, para que de esta forma disminuyan sus prejuicios y así crear un mejor clima para la discusión de argumentos de manera razonable y de manera cordial.

En ese orden de ideas, propongo conformar comisiones de trabajo para analizar y acordar soluciones a los problemas del país incluyendo a representantes: a) sector político; b) sector económico-técnico y c) madres de familias (pilar fundamental de la sociedad), que en conjunto trabajen en proponer y actuar en soluciones alineadas a la visión acordada de país.

Los cambios en la etapa de planificación y ejecución deben incluir como una de sus premisas el actuar con respeto a la dignidad de los pobres, dándoles un buen trato, como el comportamiento que Simón Díaz tenía para con su pueblo.

2.17.3 Fases posteriores en la transformación positiva del país

Uno de los importantes objetivos de cambio en la estructura política es la de robustecer el esquema de selección de los miembros de la Asamblea Nacional. Es vital escoger a candidatos que evidencien moral en sus actitudes y acciones. Este aspecto lo considero muy importante para el cambio progresivo político que se propone en este trabajo.

Según recomendaciones de Diego Arría (*1.6) este sugiere la reincorporación de las dos cámaras en el Parlamento que permite representaciones de regiones que integren un Estado Federal en el Congreso como solía ser en la llamada cuarta república.

Otra excelente táctica para hacer más transparente la gestión de la Asamblea Nacional es considerar el concepto que aplica la Asamblea Federal de Suiza al escoger a muchos de sus miembros políticos "parciales" quienes ejercen su cargo de manera temporal, por 4 veces al año y en cada una de estas oportunidades, por 3 semanas.

A estas personas se les paga muy poco por este trabajo político; ya que sus principales entradas provienen de sus respectivas profesiones. Este esquema garantiza aparte de una mayor equidad en las decisiones, menor influencia de los partidos políticos en la gestión de dicha Asamblea.

Considerando el concepto anterior, propongo incluir en las mesas de debates de la Asamblea Nacional a miembros de la sociedad civil quienes sean profesionales de manera temporal y a la vez no dependan de un curul político, de esta forma se enriquecerán las discusiones como las decisiones.

Es de indicar que en Venezuela las personas exitosas del sector privado no se meten normalmente en el ámbito político por considerarlo arena movediza. Este criterio, que para mí es cierto, debemos cambiarlo y para ello se debe modificar el contexto actual del sistema político según las propuestas indicadas en este libro.

Otra sugerencia o táctica de Diego Arria para iniciar la transición de gobierno actual marxista por otra de índole democrático-social es la de lograr acuerdo nacional para conformar una Asamblea Nacional Constituyente que tenga una vigencia de 3 años y que tendría como propósito de re-institucionalizar al país, rescatar el aparato productivo, re-institucionalizar la Fuerzas Armadas, revisar la política exterior, construir el estado de derecho, sembrar la libertad y jugar limpio.

En lo referente al aspecto jurídico, propone la táctica de disminuir la impunidad a través de la intervención de la Corte Penal Internacional en los casos más emblemáticos jurídicos del país para cerrarlos en el menor tiempo posible.

Por otro lado, propongo la siguiente estrategia para robustecer el federalismo auténtico en el país, inicialmente se estaría conformando 3 gobiernos regionales (occidental- central – oriental) que tengan autonomía en las finanzas, en lo judicial y en cierta forma en lo político; estos gobiernos regionales se conjugen con sus respectivos gobiernos estatales y municipales. Aprovechando las leyes de las comunas, propongo que estas hagan seguimiento y presión a los representantes de los gobiernos locales e inclusive federal (actualmente central) para que estos actúen para satisfacer las necesidades y expectativas de la comunidad, con equidad en un ambiente de integridad y de libertad.

La propuesta anterior hacia el federalismo incluye que el partido ganador de las votaciones podrá rotar cada 2 años de presidente, para completar así 3 presidentes (uno de cada región) en los 6 años de su mandato. De esta manera se disminuirá el caudillismo y se creará condiciones para tener líderes nacionales de alto calibre; ya que se estimulará la competitividad y la meritocracia entre ellos.

Este esquema de República ayudará sustancialmente al apalancamiento de la economía hacia un desarrollo equitativo y sostenible. Si este prototipo es exitoso, entonces se podría ampliar el alcance de este proyecto a los estados, que estos tengan autonomía en lo financiero, en lo judicial y en cierta forma en lo político, para así lograr un genuino federalismo nacional.

Una premisa para lograr lo anterior es de implantar progresivamente una economía liberal, que impulsará a mejorar el rendimiento socio-económico de todas las regiones del país, ilustro lo anterior con el siguiente axioma: "El ojo del amo engorda el ganado". En otras palabras, en una economía libre, se respeta la propiedad privada en donde los dueños se esfuerzan para asegurar el éxito de su emprendimiento, este esquema se desplegaría a todos los demás como una reacción en cadena.

Todo este proceso de cambio positivo requerirá de mercadeo y despliegue de información a través de las redes sociales y otros medios de comunicación efectiva dirigidos a líderes jóvenes, a las universidades, a las madres de familias y a los militares, haciendo énfasis en las personas positivas e influyentes en la sociedad.

Estas campañas deben hacerse con cierta frecuencia, de manera cordial y respetuosa, robusteciendo a la vez la autoestima y los valores positivos del venezolano

Finalmente, debemos estar conscientes de que estos cambios tendrán contrafuerzas que tratarán de evitarlos y que son de índole marxista- castrista- rusa, por lo que, exigirán de nosotros convicción, innovación, coraje, pasión, paciencia, esfuerzo, métodos de trabajo, persistencia y recursos para lograrlo. Termino diciendo el siguiente axioma: ¡Los ganadores nunca abandonan; los perdedores siempre abandonan!

¡Que Dios nos ilumine y nos guíe hacia el logro de las Metas que nos hemos propuesto!

REFLEXIONES FINALES

La política con su adoctrinamiento ha influido de manera directa e indirecta en casi todos los ámbitos del país, a pesar de que muchas personas no quieran admitirlo o simplemente lo ignoren.

Puede ser que usted esté de acuerdo o no con lo planteado en este capítulo; sin embargo, para ambos casos respeto su opinión; ya que todos tenemos algo de la verdad. Lo que es innegable es que todos queremos un mejor país que ofrezca mejor calidad de vida, seguridad, paz, prosperidad, en un ambiente que incentive tanto al desarrollo personal como colectivo.

Dicho lo anterior, le haré algunas preguntas con el fin de hacerlo reflexionar sobre lo visto:

1.- ¿Qué fue lo que más le llamó la atención y de utilidad que le gustaría aplicar en su vida personal y relación con los demás?

2.- ¿Qué beneficios para usted y el país obtendrían en el caso de aplicar ?

3.- ¿Qué barreras dificultarían dicha aplicación?

4.- ¿Tendría usted la convicción y el coraje para hacer el cambio que quiere?

Le recomiendo que anote los conceptos que le hayan interesado, posteriormente en algún momento, lea de nuevo estos conceptos para definir y decidir si va hacer algo al respecto.

Mi propósito con este libro ha sido y es aportar mi humilde grano de arena hacia la construcción de un mejor país, que estoy seguro que nos merecemos como también los que vendrán después de nosotros.

Para ello debemos dejar a un lado nuestro egoísmo, el sentimiento de comodidad y el temor que nos impiden movernos de nuestro status quo hacia esferas superiores de conciencia y de vida que son manifestaciones de espiritualidad positiva.

¡Dios eterno nos ilumine, proteja y fortalezca para iniciar y mantener sostenidamente el cambio positivo deseado por la mayoría de nosotros!

Mis mejores deseos de éxitos, bienestar y prosperidad

Un amigo

Lácides R. Castillo

Critical_solutions2@hotmail.com

BIBLIOGRAFÍA

P.1.- Rondón M. Cesar. Armando rompecabezas de un País. 2012. ISBN 978-980-412-004-6

1.1.- www.freelibros.org AMEF.(Análisis Modo Efecto de Falla) . 2014 (descarga gratis).

1.2.- Liker, J. The Toyota Way. Copyright Mac-Graw Hill 2004. ISBN 0-07-139231-9

1.3.- OECD "What makes civil justice effective". OECD Economics Department. Policy Notes. N° 18- June 2013

1.4.- Mc Dermott,J.C. How organized crime & corruption intersect in Latam. - 2014

1.5.- W. Sandholtz & R. Taagepera . World Corruption. Revista "International Review of Sociology ". Volumen 15, N° 1 de Marzo 2005 en página 109 – 131.

1.6 – Arria, Diego Venezuela. La Hora de la Verdad.. Abril 2013. ISBN 978-980-12-6002-8

1.7.- www.coe.int/capei. Report of the European Commission for the efficiency of Justice (CEPEJ).2010

2.1 Lama Dalay. El arte de vivir en el nuevo milenio. Caracas 2004. ISBN 980-293-259-0

2.2 Seligman, Martin. Authentic Happiness. . 2002. ISBN 978-0-7432-2297-6

2.3.- Wang, Jingzé. 36 estrategias chinas. Gao Yuan Editorial Edaf S.A. (30 de marzo de 1998) ISBN-13: 978-8441403000

2.4.- Faer Sergey. Methods of Strategy and tactics of election campaign" (1998) . Traducido al inglés por Nick Klementyev(nick-night@mial.ru)

2.5.- Angulo, Oswaldo. La Descentralización del Poder. Editorial UC. 1997 ISBN 980-233-166-X

2.6 Mijares, JuanVicente . Cultura Democrática. Editorial CESSA 2008. ISBN 978-980-388-4482

2.7 Altshuller, G. . The innovation algorithm (Triz, systematic innovation and technical creativity) . Technical innovation center Inc. 2000

2.8.- Hirst. John. -The shortest history of Europe.2009. ISBN 978- 1908699 06 0